確実にスコアを縮める
カップインの決め手!

狙う!
アプローチ&パター

プロゴルファー
金井清一●著

永岡書店

はじめに

小技の巧者はスコアを制する!!

アプローチとパットこそ、スコアメイクのカギです。

そこから2打かかるか、それとも3打以上費やすかは、直接スコアになってはね返ります。グリーンに近づくにつれ、1つの失敗が確実に1ストロークの損失となる厳しさがあります。それが、アプローチ、パットの位置づけです。

そのホールでのスコアメイクの仕上げだけに、大きなショット以上の集中力が要求されます。ドライバーのナイスショットも気持ちのいいものですが、グリーン周りからのチップインやロングパットを一発で沈めることのほうが、その1打でスコアが決定することを考えると、感激もよりいっそう大きくなるのです。上級者ほど、アプローチやパターの小技の練習に時間を費やすというのもわかる気

がします。

私が若いころ、日本のゴルフ界は、青木功と尾崎将司が火花を散らして競い合う「AO時代」でした。ともに180センチ以上もある大型選手で、パーシモン（木製）のドライバーで、300ヤードも飛ばして攻める華々しさを持っていました。平均的な体格の私では、飛距離において太刀打ちできません。どうすれば、あの2人に勝てるのかを真剣に考えました。

「アプローチとパターの技を磨こう！」敵が飛ばすなら、私は小技でスコアをつくっていこうと決心したのです。当時の目標は、コンスタントに年間1勝を積み重ねていくことでした。年間に開催される数十試合のうちには、終盤にもつれて小技の出来が勝敗を決める試合があります。そこでチャンスを逃さないために、他のプロの何倍も小技の練習に取り組みました。

その結果、タフなセッティングで各選手が悲鳴をあげるようなメジャーに勝つことができ、「公式戦男」の異名をとるほどにもなれました。ひとえに、小技の練習のおかげだと思っています。

この本を読んで、スコアの決め手となるアプローチパットの理論を知り、思い通りに寄せたり、カップインさせる楽しさを体験してください。

金井　清一

Contents

Part 1

狙う！ アプローチのツボ

Part 2 アプローチの基本

Part 3 アプローチの実戦

Part 4 バンカーショットの基本

Part 5

パッティングの基本

●構成 高木啓行
●イラスト 木島清
●写真 松岡誠一郎
●協力 ダイワヴィンテージゴルフ倶楽部
●編集 大東靖典（永岡書店）
せいとう企画社

Approch image 1

1

生まれながらに持っている感覚を生かす

手で投げればボールはカップに簡単に寄る!?

ゴルフを始めて間もないころは、どうしてこんなに近いアプローチが寄らないのだろうと考え込んでしまうことがあります。いっそ手で投げられれば、もっと簡単に寄るのではないかとさえ思うこともあります。

物を遠くに投げるときは上手投げ（オーバースロー）で投げますが、近くの目標へ投げるときは下手投げ（アンダースロー）で投げます。これは生まれながらに人間が持っている感覚です。

アプローチはこの下手投げの距離感と方向性を活用するのです。手で投げる感覚を、そのままクラブに生かせばいいのです。紙を丸めて、ゴミ箱に投げ入れる、あの距離感と方向性です。

まずはクラブを握らずに、ボールを下手投げで転がしてみましょう。目標までの距離、つまり目測だけで腕の振り幅を自然とつくることができるはずです。生まれながらに備わっている距離感と方向性を信じ、その感覚をクラブに伝えられるようにしていきましょう。

50ヤードと55ヤードを打ち分ける術は「本能」に頼るしかない。

人間が生まれながらに持っている物を投げる方向性と距離感を生かせば、アプローチも簡単でやさしくなる。

生まれながらに持っている距離感と方向性の感覚を生かす。

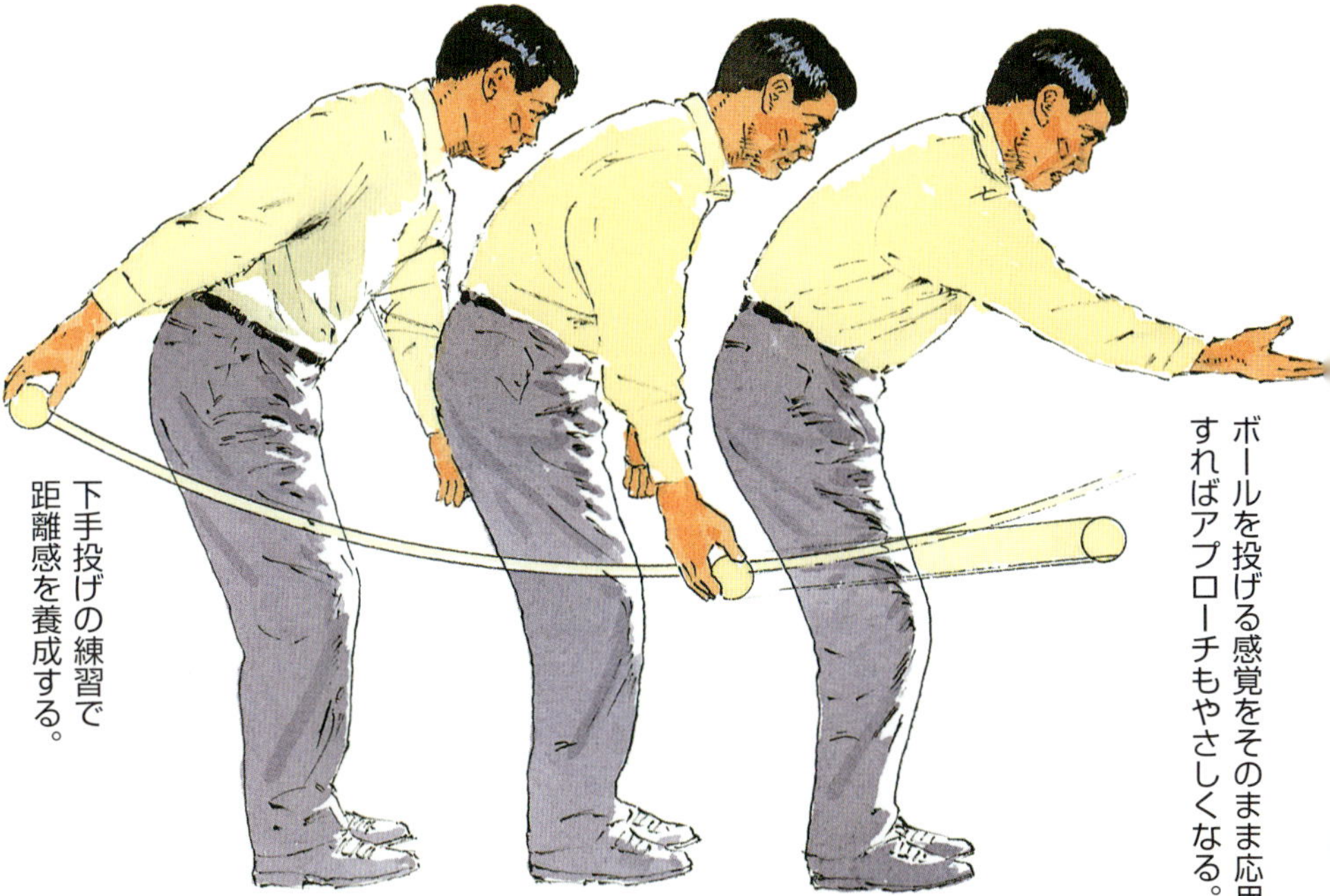

下手投げの練習で距離感を養成する。

ボールを投げる感覚をそのまま応用すればアプローチもやさしくなる。

Approch image 2

2

どうすれば早くアプローチが上達するか

状況に応じ一番確実な方法を素早く判断する

◀ボールを上げるか。それとも低く転がしていくのか。球すじのイメージがあって、初めて最終的な決断ができる。

ゴルフは非常にクリエイティブなスポーツです。とくにアプローチでは、自分がどのように攻めるか、とてつもない創造力を発揮できる分野です。

広いホールの中で、自分なりの攻め方をデザインします。**今ある状況に対して、なるべく危険を避けながら、自分の好みに応じてもっとも確率の高い球すじ、さらにボールの落下地点、そしてボールの転がり具合へと設計図を描き、最終的なクラブ選択をします。**それも、ごく短時間のうちに決断を下すのです。

こうした戦略を常にイメージする習慣をつけることによって、的確で自分の持ち味を活かしたオリ

ボールのある状況でどのクラブを選択し、どのようなアプローチが可能かを的確に判断することが重要だ。

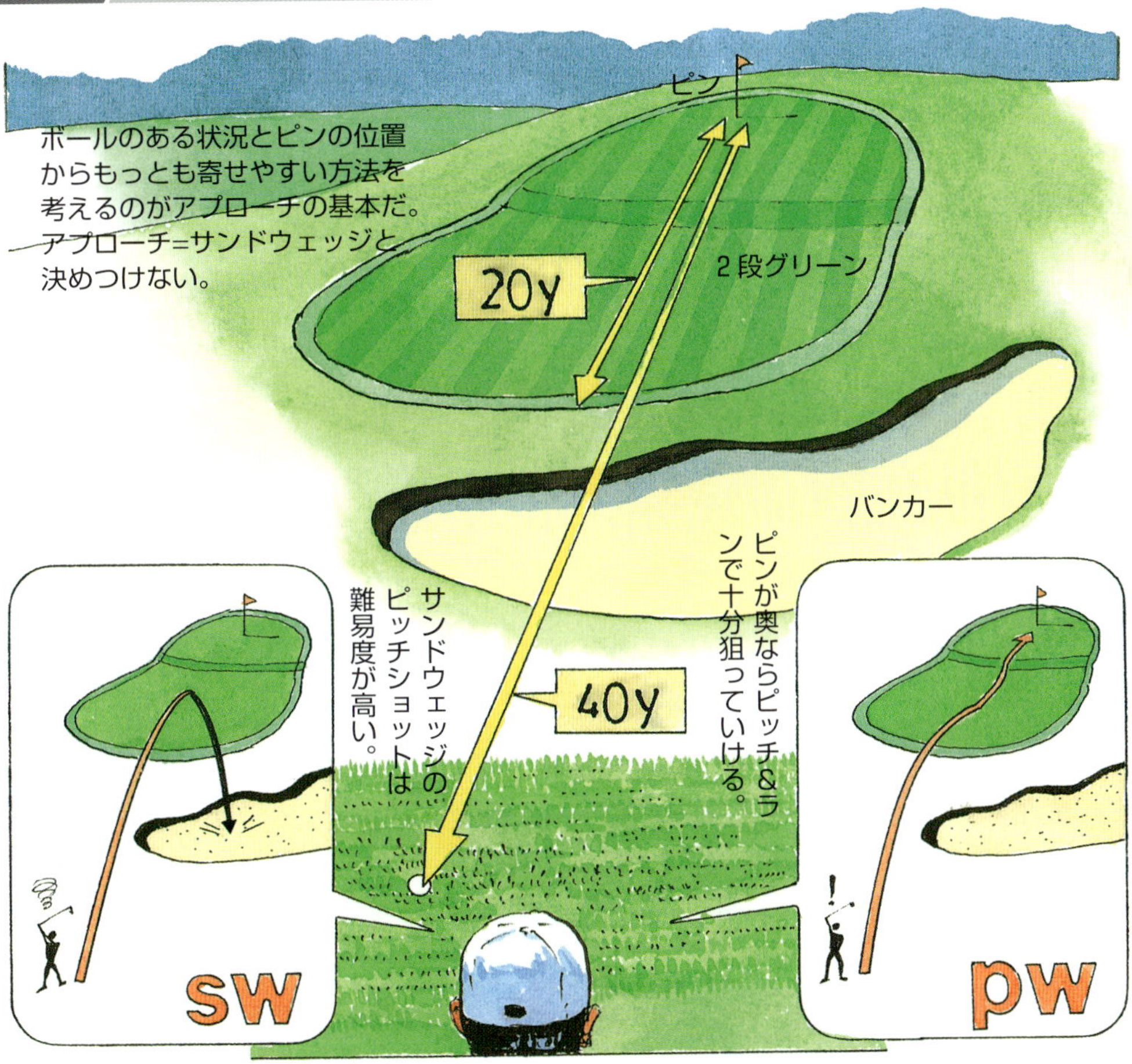
ピン
ボールのある状況とピンの位置からもっとも寄せやすい方法を考えるのがアプローチの基本だ。アプローチ=サンドウェッジと決めつけない。
20y
2段グリーン
バンカー
ピンが奥ならピッチ&ランで十分狙っていける。
サンドウェッジのピッチショットは難易度が高い。
40y
sw
pw

ジナルの戦法が浮かぶようになります。いつも決まったクラブを1本持ち、ピンだけを見て勘を頼りに打っていくようでは、たまにはピンに寄るとしても、これではいつになっても技術の向上など期待できません。

アプローチの失敗は確実に1打を損します。この重みを深く受け止めれば、アプローチをおろそかにすることはできないはずです。

早く寄せてしまいたい、結果を見たいという気持ちを少しセーブして、どういう方法で寄せるのかをイメージしてみましょう。たまたま寄っただけの「結果オーライ」に満足するよりも、イメージどおりに打てたことへの満足感のほうが何倍もの充実感が得られるし、大幅なレベルアップにつながるでしょう。

Posture 3

アプローチ用の寄せるための構えはあるのか

「振っても飛ばない」構えをつくる

他のショットからアプローチだけを切り離して、特別なことを考える必要はありませんが、ひとつだけ最優先させなければならないことがあります。それは**アプローチでは飛距離を出す構えをせずに「振っても飛ばない構え」をつくらなければいけないということです。**

アマチュアの中には、アプローチなのに、まるでドライバーで300ヤード打つような広いスタンスで構えている人を見かけます。

アプローチでは「これだけ振ったら飛びすぎるのでは」と振りの強さを加減してしまうことがいちばん良くありません。**思い切って振っても大丈夫という安心感が、淀みのないスイングと確実なインパクトにつながっていきます。**

そのためには、まず**スタンスを狭くすること**です。両足を閉じた状態、あるいはそこからわずかに広げた程度で十分です。狭いスタンスから大振りしようとすれば、安定性を欠くので、おのずとスタンス幅に合ったコンパクトな振りになります。

ただし、スタンスを狭くしても棒立ちにはならずに、ひざを軽く曲げ、左足にウェイトを乗せて下半身をしっかり安定させます。

クラブが短いために、ボールと体の距離は近くなります。**リストはアゴの真下か、わずかに中に入ったところにセットし、グリップエンドと体の距離を他のアイアンより少し狭くこぶし1個にします。**手だけを前に伸ばしてボールに合わせてはいけません。

構えができたら、あとは**右手首をアドレス時のハンドファーストの角度を維持したまま「運ぶ」イメージでスイングします。インパクトではなく、腕の振りの大きさで距離感を出していきます。**

ボールの近くに立ち、左足体重で下半身を安定させ、何度振っても同じ位置へヘッドが下りてくる構えをする。

●構えに入るまでのイメージ法

❶グリーンまではキャリーを使い、そこからピンまで転がす「ピッチ＆ラン」で攻めるイメージを描く。
❷ピンではなくボールの落とし場所だけを意識して、そこへボールを運ぶ大きさの素振りをする。

背中を丸めないで背すじをまっすぐ伸ばして構える。

アドレスでの右手首の角度を変えずにスイングする。

土台である下半身をしっかり安定させる。

3：7の割合で左足に体重をかける。

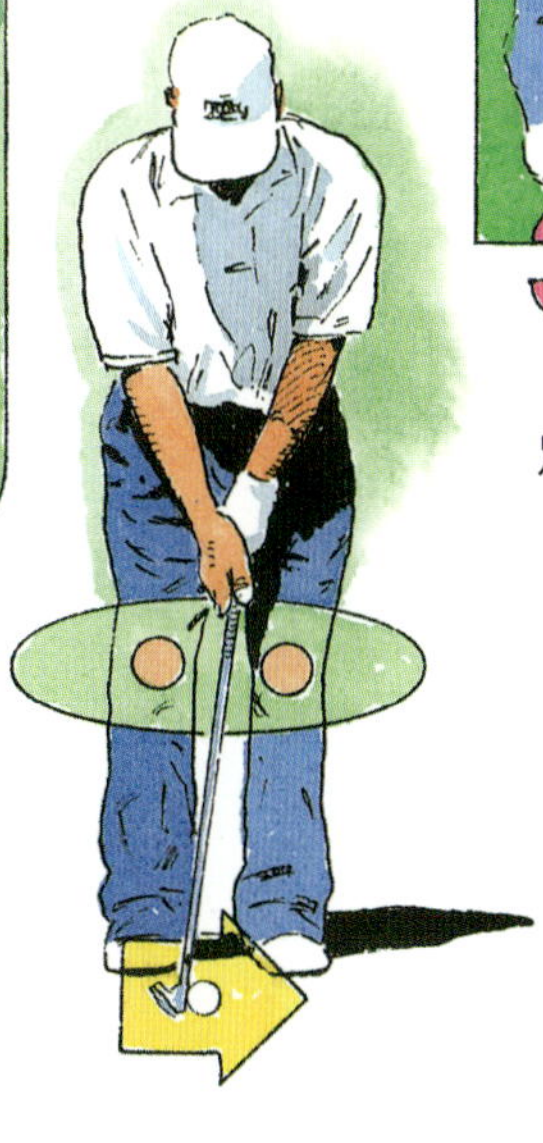

スイング中は両ひざの高さを変えない。

Ball position 4

アプローチのキャリーとランの割合をつかむ方法

球すじの高低はボールの位置で決める

アプローチには、転がす、上げて転がす、上げて止める、の3種類がありボールの位置で球すじを打ち分ける。

スイングによって球の高さを変えるやり方もありますが、ここではまず基本的な方法について説明します。

通常のアプローチを行う場合には、まずボールの位置によって球の高さを変化させます。

基本となるのは①両足の真ん中ですが、そこを境にして②右足寄りに置けば低い球、③左足のほうに出せば高い球になります。

球すじからいえば、**①がピッチ&ラン、②がランニング、③はピッチショット**です。

この3つの球すじの間に厳密な境界はありませんが、高いキャリーだけで目標の近くに運ぶ目的で使うのが**ピッチショット**、近くのラフやハザードを越えるだけのキャリーが出てあとはボールを転がして寄せるのが**ピッチ&ラン**、はじめから転がして寄せるのが**ランニング**です。

わずかにハンドファーストに構えるピッチ&ランがアプローチの基本になるので、キャリーとランの割合を練習で把握しましょう。

ピッチショットもランニングもすべてはピッチ&ランの延長にあるのです。

ランニング　ボールは右足寄りに置く。ロフトを立て気味にして上からとらえるので低い球になる。ハンドファーストが強い構えになる。

ピッチ&ラン　ボールは両足の真ん中の位置。わずかにハンドファーストの姿勢となる。やや上からの軌道でボールをしっかりとらえる。

ピッチショット　ボールは中央より左に寄せ、シャフトは地面に対して垂直。インパクトは最下点になるのでロフトどおりの高い球すじになる。

ランニングアプローチ
Running approach

ボールをほとんど上げないで、転がして寄せていく。

ピッチ・エンド・ラン
Pitch and run

障害物を越えるだけキャリーさせ、グリーンにボールを直接落として転がし寄せていく。

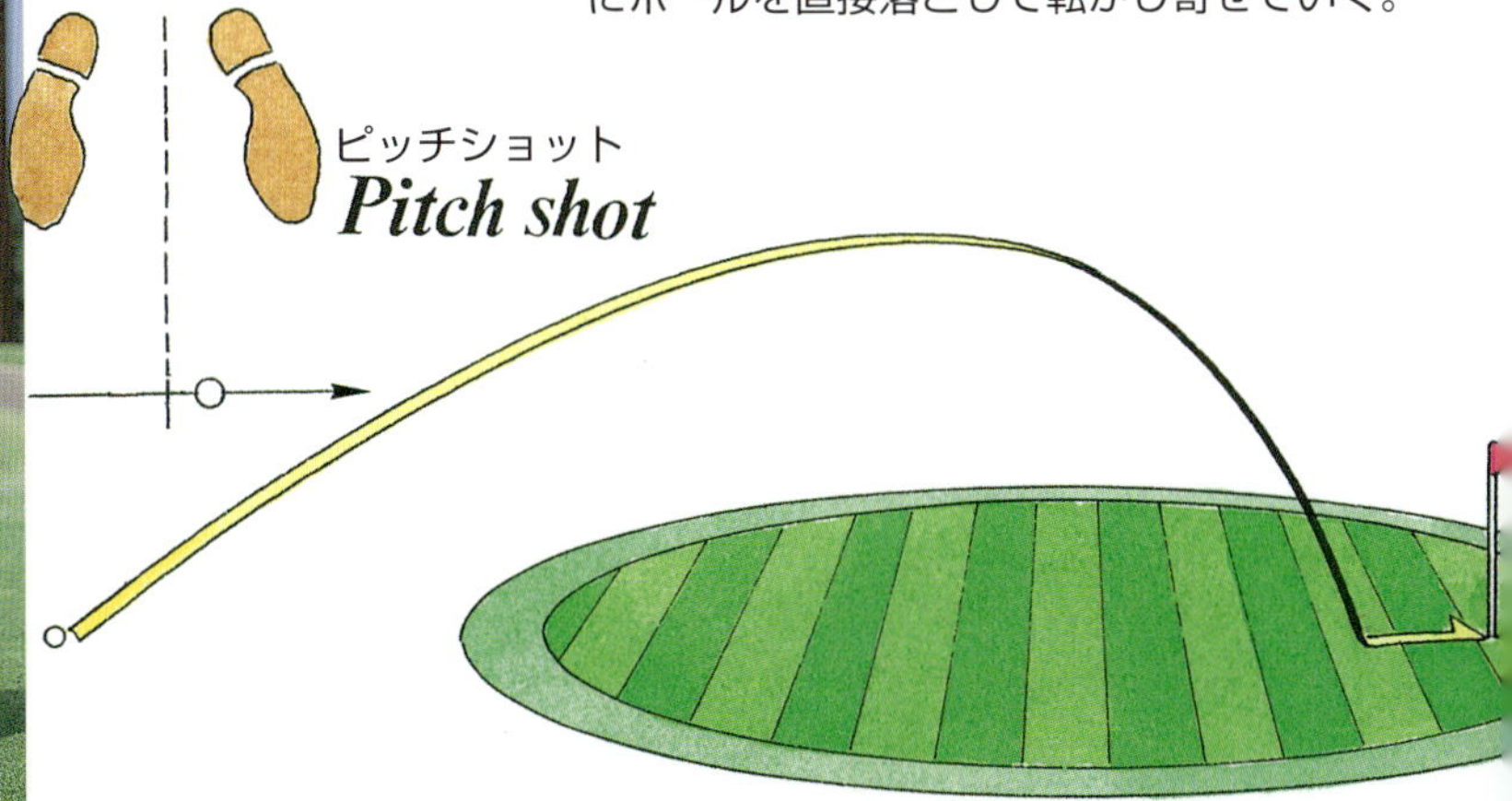

ピッチショット
Pitch shot

ボールを上げてピン側に落とし、止める。

Distance 5

距離感は力加減でつくってはいけない

トップの大きさを変えて距離感をつくる

●3つの距離感を持て！

ピッチングのフルショットで
100ヤード飛ぶ。

フルショットでは、ある程度の距離の計算ができても、中途半端な距離を打つアプローチに関しては苦手にしている人が多くいます。その原因の多くは、いくつかの距離に対して同じトップの位置から力加減だけで打ち分けようとしていることにあります。

アプローチでは、インパクトの強さを一定にして、距離感をスイングの大きさで出すようにします。つまり力加減を一定にしトップの位置で距離を打ち分けるのです。

ピッチングウェッジのフルスイング（時計の文字盤をあてはめるなら11時の位置）で100ヤード飛ぶとします。つぎに、4分の3（時計の文字盤をあてはめるなら10時の位置）なら80ヤード、**ハーフスイング**（9時の位置）なら50ヤード、というように、**3種類の基**

トップの大きさを変えることにより3つの距離感をつくり、3つの中間にある距離感はそれを応用していく。

2分の1(ハーフ)では50ヤード。

4分の3の大きさで、80ヤードの距離となる。

準となるトップの位置と飛距離を刻み込んでおきます。このように、まずは1本のクラブで3つのトップの位置と飛距離を把握することがアプローチが上手くなるための第一歩です。

たとえば、70ヤードの距離が残ったとしましょう。基準となるピッチングの3つのトップ位置には、該当する距離がありません。ならば、どうしたらいいのでしょう。

方法としては、80ヤードが10時の位置のトップならば、そこよりも若干小さくトップを止めるか、トップの位置を変えずに番手をピッチングからピッチングサンドに落とします。

クラブを1本に決めて、柱となる3つのトップの位置での飛距離を把握することによって、微妙な距離にも応用していけるわけです。

Wedge quality 6

多様な性能を持ったウェッジを使いこなすには
バンスを利用すれば ラフやバンカーも簡単に

ボールのあるさまざまな状況に応じて、バンスの大きさなど構造の違ういろいろなウェッジを使い分ける。

ウェッジにも種類があります。ピッチングウェッジ、アプローチウェッジ（フェアウェイサンドとも呼ぶ）、サンドウェッジ、ロブウェッジなどがあり、それぞれロフト角がＰＷで42～48度、ＡＷで48～52度、ＳＷで54～56度、ＬＷで60度となっています。メーカーによってはこの角度どおりではないものの、これだけのロフト差を持ったウェッジがあるのです。

ロフト角が大きいほどボールは高く上がり、それだけ距離は落ちる仕組みになります。

こうしたウェッジのいちばんの特色は、バンスがつけられていることです。

バンスとはソール部の出っ張りのことです。ヘッドの下部を観察すると、他のアイアンよりも分厚くなっています。しかも、微妙にフェース裏面に近い部分が、丸くカーブして出っ張っています。とくに、サンドウェッジではこの傾向がはっきりしています。

出っ張り部分（バンス）が厚くなればなるほど、地面との抵抗があるため、跳ね返される構造になっています。つまり、砂やラフの芝の中に潜り込まないで、抜けがよくなっているのです。そのため、バンカーやラフではその特性を生かして振り抜きのいいショットが打てるのですが、固いフェアウェイでは逆にバンスが地面に跳ね返されて、思わぬミスショットになりやすいのです。

ラフやバンカーから、バンスを活用したショットを打つには、次のポイントに気をつけます。**ハンドファーストに構え、上からの軌道で「刃」から打ち込まずに、バンスから地面に着地するようにフェースを開き気味に構えれば、抜けの良いショットが打てるのです。**

●3種類のウェッジのバンスの大きさ

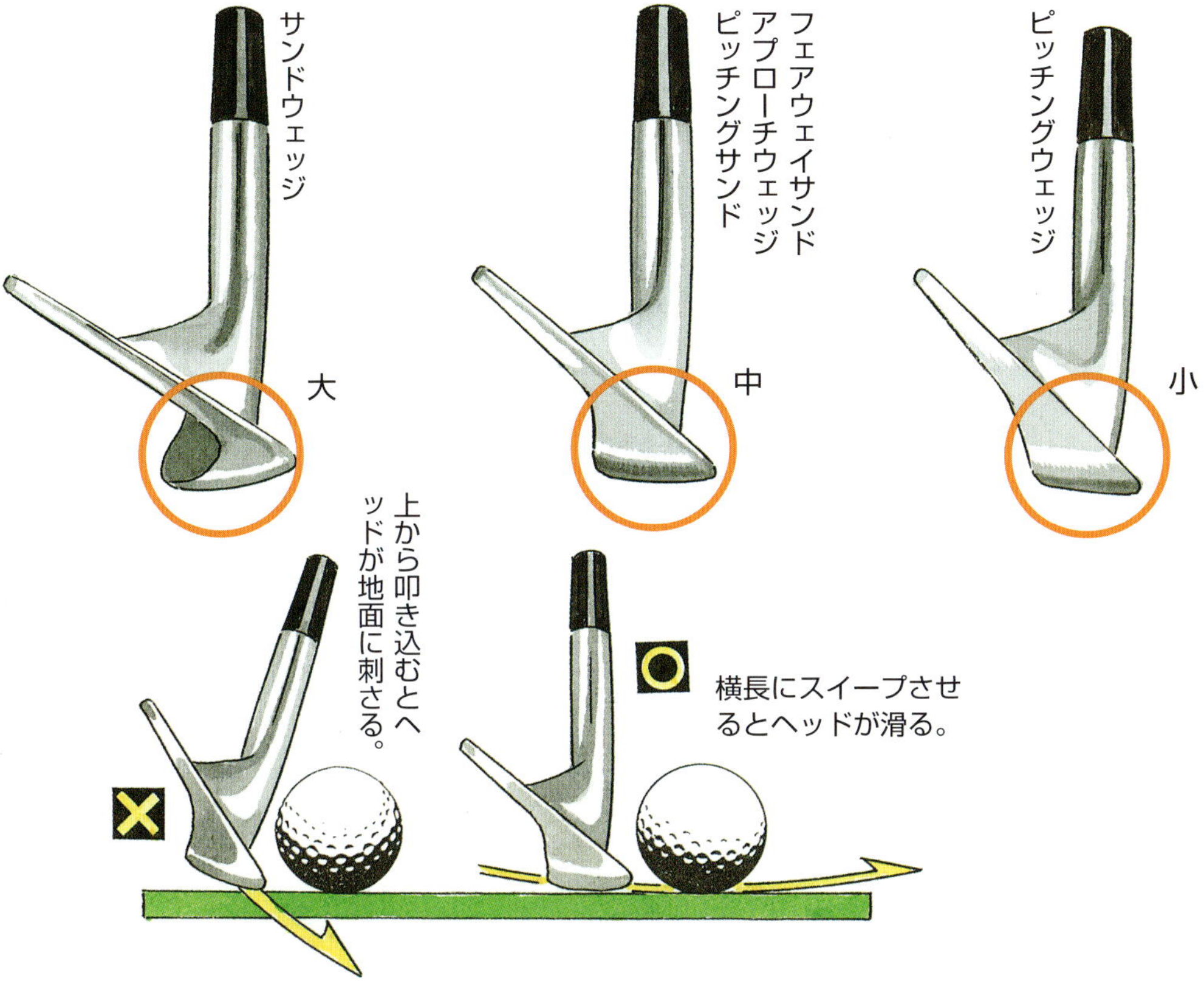
サンドウェッジ
フェアウェイサンド
アプローチウェッジ
ピッチングサンド
ピッチングウェッジ
大
中
小
上から叩き込むとヘッドが地面に刺さる。
横長にスイープさせるとヘッドが滑る。

●3種類のウェッジの平均的な飛距離

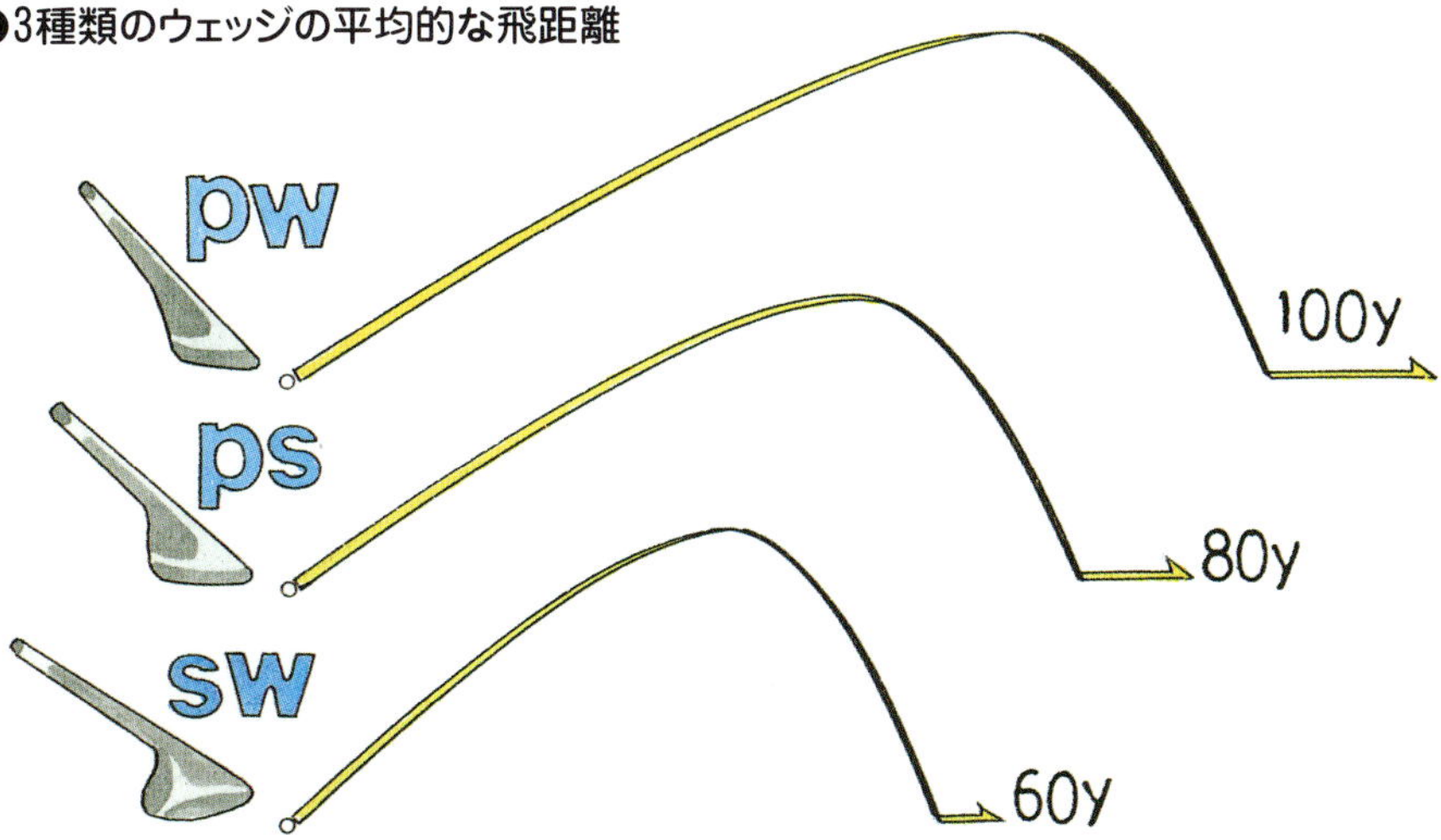
pw
ps
sw
100y
80y
60y

Swing speed 7

ボールをカップに投げるときの速さがいい！

ヘッドの重みを手に感じながらゆっくり振る！

　小さくゆっくり振るということは、できそうでいてなかなかできないものです。そのため、大きく振り上げてインパクト前後でスピードを緩め、力加減を合わせる打ち方が多くなるのです。

　一定のスピードでゆっくり振ることを体感できる方法があります。ゴルフボールをカップや近い目標に向けて投げてみるのです。このようにボールを下手投げするとき、目にも止まらぬ速さで腕を振って投げる人はいないでしょう。**手にボールの重さを感じながら、目標までの距離に合わせた大きさで、一定のスピードを保ちながら腕を振っているはずです。このときの腕を振る速さが、アプローチでの理想的なスイングスピードなのです。**

　このボールを投げるスピードをイメージしながら、右腰の9時の位置から左腰の3時の位置まで、繰り返しクラブを振ってみます。そうすれば、アプローチに合った理想的なスイングスピードが身につきます。

　距離感についてはすでに触れましたが、多くのプレーヤーは、実際の距離以上の大きなスイングをしているのが現状です。これでは、厳密な距離感はいつになっても得られません。

　小さなスイングで目標をとらえるのに十分な距離を出すのが、アプローチの距離感です。しかし、小さなスイングに意識が集中すると手振りの傾向が強まり、これも腕を速く振る原因になりますが、**大事なことはヘッドの重みを手に感じながら、クラブを振っていくことです。**腕の振りが速いなと感じたときは、ボールを目標に投げる感覚を思い出し、スイングスピードを調整します。

ボールを目標に向かって投げるスピードをイメージしてクラブを振ればボールの重みを感じてゆっくり振れる。

近い目標に向かってボールを投げるとき、腕を超スピードで振って投げる人はいない。手でボールの重さを感じながら一定の速さで腕を振る。このときの速さがアプローチの理想的なスイングスピード。

下手投げでゴルフボールをカップに向かって投げてみる。

ボールを投げるときのスピードをイメージして、クラブを右腰の高さから左腰の高さへ振ってみる。

大きくゆったりと振る。

振り子式スイングをする。

距離感に見合ったトップから左右対称のスイングをする。

Basic swing 1

1

素直にまっすぐ上げまっすぐ振り抜く

手首を使わず両肩の振り子で左右対称にスイング

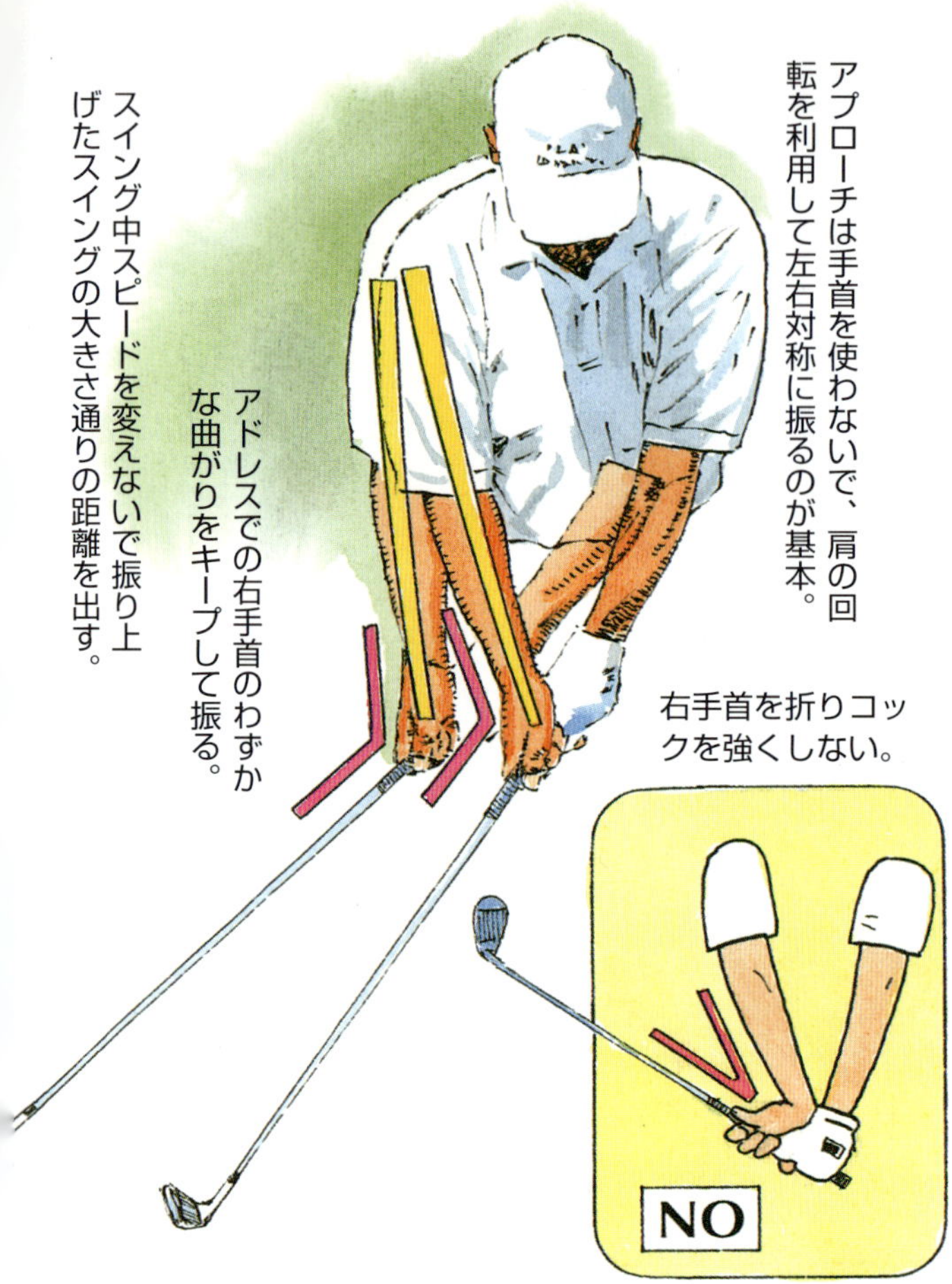

アプローチは手首を使わないで、肩の回転を利用して左右対称に振るのが基本。
アドレスでの右手首のわずかな曲がりをキープして振る。
スイング中スピードを変えないで振り上げたスイングの大きさ通りの距離を出す。
右手首を折りコックを強くしない。
NO

振り上げた高さまで振り子式に同じスピードで手加減せず左右対称に振り抜いていくのがアプローチの基本。

アプローチの基本スイングで一番大切なことは、**手首を使わないで両肩の回転を利用して、左右対称に振ることです。**距離に合わせて振り上げたスイングの大きさだけ振っていくのです。つまり、**トップの高さとフィニッシュの高さを同じに、左右対称になるように振るわけです。**

よくアプローチでは、スピンをかけるために、インパクトの後で左ひじを引けといわれたり、スイング軌道をアウトサイド・インにしてカット打ちをするのが原則などといわれたりしますが、そんな

ボールをカップに下手投げするときのイメージで距離感と方向性を出す。この感覚を大事にしてアプローチに活用する。

インパクトのあとスピンをかけるために左ひじを引いたりしない。

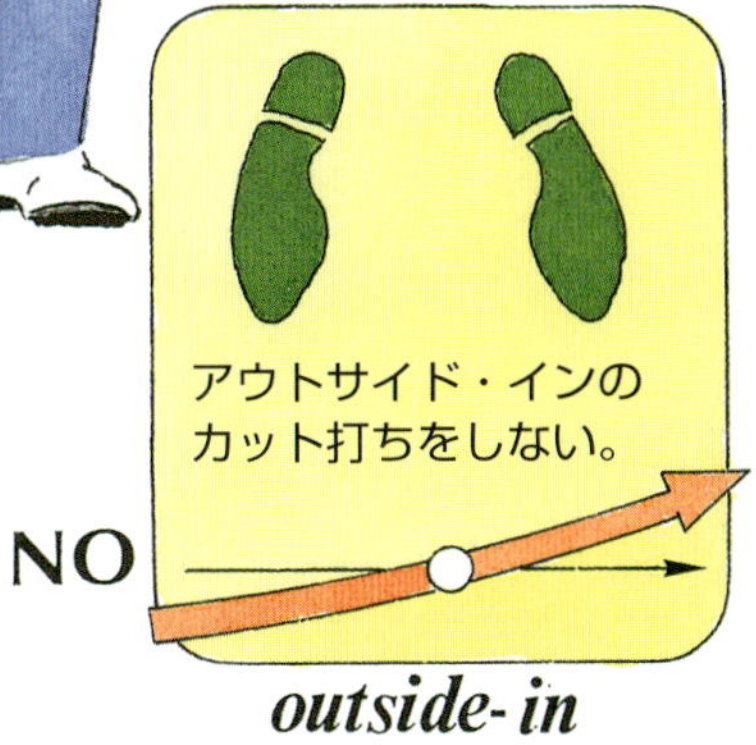

アウトサイド・インのカット打ちをしない。

難しいことを考える必要はありません。確かにボールのライや特殊なケースには、さまざまなテクニックを用いて多様なボールを打ち分けなければならないこともありますが、それはある程度限られた状況のときだけです。

前項で**ボールを下手投げに放るイメージで、距離感と方向性を出すといいましたが、この感覚を大事にして振り上げた高さから左右対称の位置へ振り抜くまで、力加減をせずに、同じスピードで振ることが大切なのです。**トップを大きくとり、途中でスピードを緩めて、距離を調節するような打ち方が、一番ミスを呼びやすい悪いスイングです。**振り子のように、左右対称になるように引いた分だけ押し出してあげるシンプルなスイングをすればいいのです。**

Basic swing ②

2

ショットごとにスイングを変えたりしない

腰から腰までの半円ストロークが基本になる

右腰から左腰への半円のストロークはすべてのスイングの要。9時から3時までスピードを変えずに振る。

このテーマは実はアプローチに限らず、スイング全体に関連した大きなテーマです。

要は腰から腰までのスイングがしっかりしてさえいれば、ショットは安定し、スイングは完成の域に近づいたといえます。トップとかフィニッシュの形を問題にしますが、**いちばん肝心なのはインパクトを中心とした核となる半円の区間の動きです。**

一般的には、この180度の半円の間はなにもしないで、クラブが自然に動くのに任せるのが理想です。

そこまでシンプルにするためには、徹底して半円の区間のショットを練習するのがベストです。

バックスイングは、9時の位置で左手の甲が正面を向きます。腰はほとんど回しません。腕の動きを支えるために、背骨を軸に肩がわずかに上下に動く程度です。こうした体の動きを基に、腕を右腰の高さまで振っていきトップをつくります。

ここからあわてないで、ゆっくりしたタイミングでダウンに移行し、腕を左腰まで振っていくのですが、右足かかとが上がるほどのフットワークは使いません。途中でテンポを変えることなく、一定の速さで腕を振ります。とりわけ**ダウンだからといって、加速する意識は持たずに、初めから終わりまで、同じスピードで振っていくことです。**腰を左にターンさせながら、**フィニッシュ（3時の位置）では左手のひらを正面に向けます。トップの裏返しになります。**

このとき、顔をボールのほうに釘づけにする必要はありません。飛んでいくボールの後ろ姿を追うようにします。頭を残しすぎると、引っかけやすくなるからです。

◀体にひねりを加えず、腕の大きな振りでトップをつくる。

▶右ひざが内側に寄るが、右足かかとは浮かせない。腰と肩を斜めに目標に向けたフィニッシュを取る。

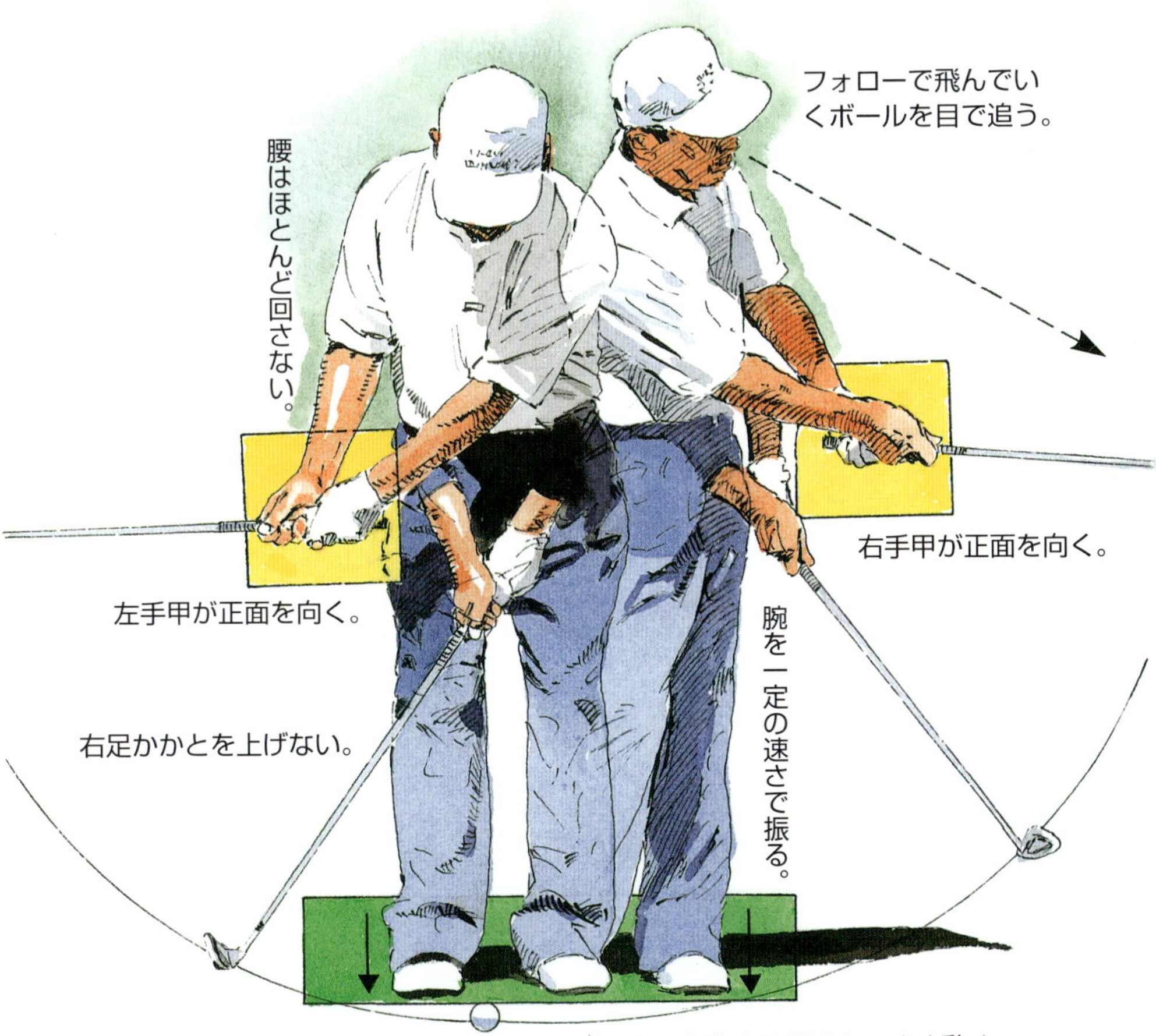
フォローで飛んでいくボールを目で追う。
腰はほとんど回さない。
右手甲が正面を向く。
左手甲が正面を向く。
腕を一定の速さで振る。
右足かかとを上げない。

リストが右ひざの上から左ひざの上に移動する間はまっすぐ動く。

Pitch & run ①

3

トップしたりダフッたりして確実に当たらない

振り子式に弧を描き余分な力は加えない

ヘッドの重みを手に感じながら、フィニッシュまで振り子のように同一のリズムで振る。

ダウンブローを意識せず、ヘッドの自然な動きに任せる。

小技というと、すぐ自分で何かをしなければいけないと思いがちですが、それは錯覚です。**ピッチ&ランでもっともたいせつなポイントは、ウェッジのヘッドの重みで打つという感覚です。**体や肩、腕の力で大きく飛ばすのとは目的が違うからです。

そこには**自分でスイングを加速していく意識などは、必要ない**のです。グリップエンドを持って、クラブを左右に振ってみます。手を動かそうとしなくとも、ヘッドがひとりでに動いて弧を描く振り子式の動きをします。この動きが

ヘッドの重みを感じながら、加速せずどこにも力を加えないで左右対称に振っていくのがピッチ&ランの基本。

アドレス
テークバック
トップ
ダウン
ダウンだが、テークバックの形とほとんど変わらない。

ピッチ&ランのスイングの基本です。

　振り子式にスイングするには、支点となる軸がないとできません。首の後ろの後頭部のつけ根を中心(軸)にして、そこを動かさずに振ってみれば、振り子式のイメージが会得できます。どこにも力を加えない打ち方です。

　もし力が要るとしたら、インパクトでのボールの重さによる抵抗と、これに芝を少しだけ打ち抜くための、芝の抵抗が加わります。こうしたわずかな抵抗に負けないだけの強ささえあれば、十分なのです。あとは左右同じ幅に振るだけでいいのです。

　ここでは左右均等の振りで、球の高さ、ランする距離を一定にさせ、安定したピッチ&ランの球すじを体得することです。

Pitch & run ②

4

ボールが途中で止まりランの距離がバラバラになる

感じを出すために手首を曲げてタメをつくるな！

▲クラブを振ろうとして手を引きつけるとタメができる。この打ち方をすると、上からクリーンに入りすぎてランの距離が計算できない。

トップで必要以上に手首を曲げたりしないこと。自然にヘッドの動くまま、円を描くままに任せて、ゆったり振り下ろしたい。▼

ピッチ&ランで、自分が意図した球すじにならないのは、切り返しでタメをつくる動きをしたときに起きます。

かなりの上級者にも見受けられるのが、トップからダウンへと方向が切り替わるときに、手首を折ってタメを深くする動きです。見た目には、いかにも感じが出ていてよさそうに見えるのですが、これが球すじの定まらない原因になります。

たとえばグリーン手前の花道にボールがあるケースで、絶好のポジションからピッチングを使って

アドレスでの右手首の角度を変えずにヘッドの重みでクラブを下ろしてくれば、振り幅とキャリーが一致する。

NO
右手首を深く折って
コックを使わない。
ヘッドがボールに当たる
角度が一定しないと、球
すじにバラツキが出てイ
メージした距離が出ない。
アドレスでの右手首
の角度をキープする。
右手首の角度を変えずに肩を主体にした振り子
式でストロークすれば、ヘッドがボールに当た
る角度も一定し、振り幅とキャリーが一致する。
aの角度はできるだけ緩や
かなほうが安定感が出る。
a

寄せようとするケースで、うまく打てたと思ったのが、大きくショートする場合があります。「うまく入りすぎてボールが止まってしまう」失敗です。**これはトップの切り返しで、タメる動作をしたために上からヘッドが急角度に入りスピンが効きすぎてボールが転がらず止まってしまったのです。**

ロフトどおりに素直に打てばいいのに、なまじタメすぎて計算外の球が出て失敗するケースです。

トップからは、手の操作主体で振らず、右手首の角度をキープし、ヘッドの重みでクラブを下に落としてくれればいいのです。振り子式に、上げたヘッドを同じ軌道を通して戻してくるのです。手を引きつけてタメをつくったりするから、飛距離や方向性までも狂ってくるのです。

Pitch & run ③

5

キャリーとランをイメージどおり出したい

1本のクラブで練習し球の高さを焼きつける

　ピッチ&ランほど、多用されるアプローチはありません。グリーン周りから、ほとんどこの打ち方で対応できるくらいです。それだけ重要な位置を占める小技ですが、その都度、自分の感覚だけに頼って打ち方を変えていては、いつまでたってもキャリーとランの距離感がつかめません。

　ボールが高く上がればランが少なくなり、ボールが低く出ればランが多くなります。**アプローチでの距離感はボールの高さを一定にすることで得られます。**

　ピッチ&ランでは、主にピッチングウェッジを使用します。**ボールをスタンスの中央に置き、両足が肩幅に入るスタンス幅で、ヘッドの重みを感じながら振り子式のスイングをすれば、ボールの高さがキャリーを決めます。**

　例えばピッチングで目標を決めて打ってみて、キャリーの頂点でのボールの高さを見ます。その高さを覚えておいて、つねにその高さのボールが打てるようにします。**ボールの高さが一定すればキャリーやランの距離も一定します。**

　練習場でつねに同じ距離の目標を見つけ、その地点に向かって繰り返しボールを打ちます。ボールの高さが一定してくれば、ボールの落ちる位置も決まり、ランする距離も同じになって、ボールが一ヵ所に集まるようになります。

　ボールの高さが高くなったり、低くなったりするのは、ボールの位置が両足の真ん中より左に出ていたり、反対に中に入っていることも考えられます。また、トップからダウンの切返しで手首の折れが大きくなっていることもあるので、**手首の曲がりを一定にした左右対称の振り子スイングを心がけるようにします。**

一番多用されるのがピッチ&ラン。キャリーとランの距離感はボールの上がる高さによって決まってしまう。

ボールを両足の真ん中に置いて打ったときのキャリー別のボールの高さを覚えておく。

ボールの位置は両足の真ん中が基準となる。スタンス幅は両肩の間に両足が納まる狭さ。ややハンドファーストの姿勢を取り、上からの軌道でボールをとらえる。

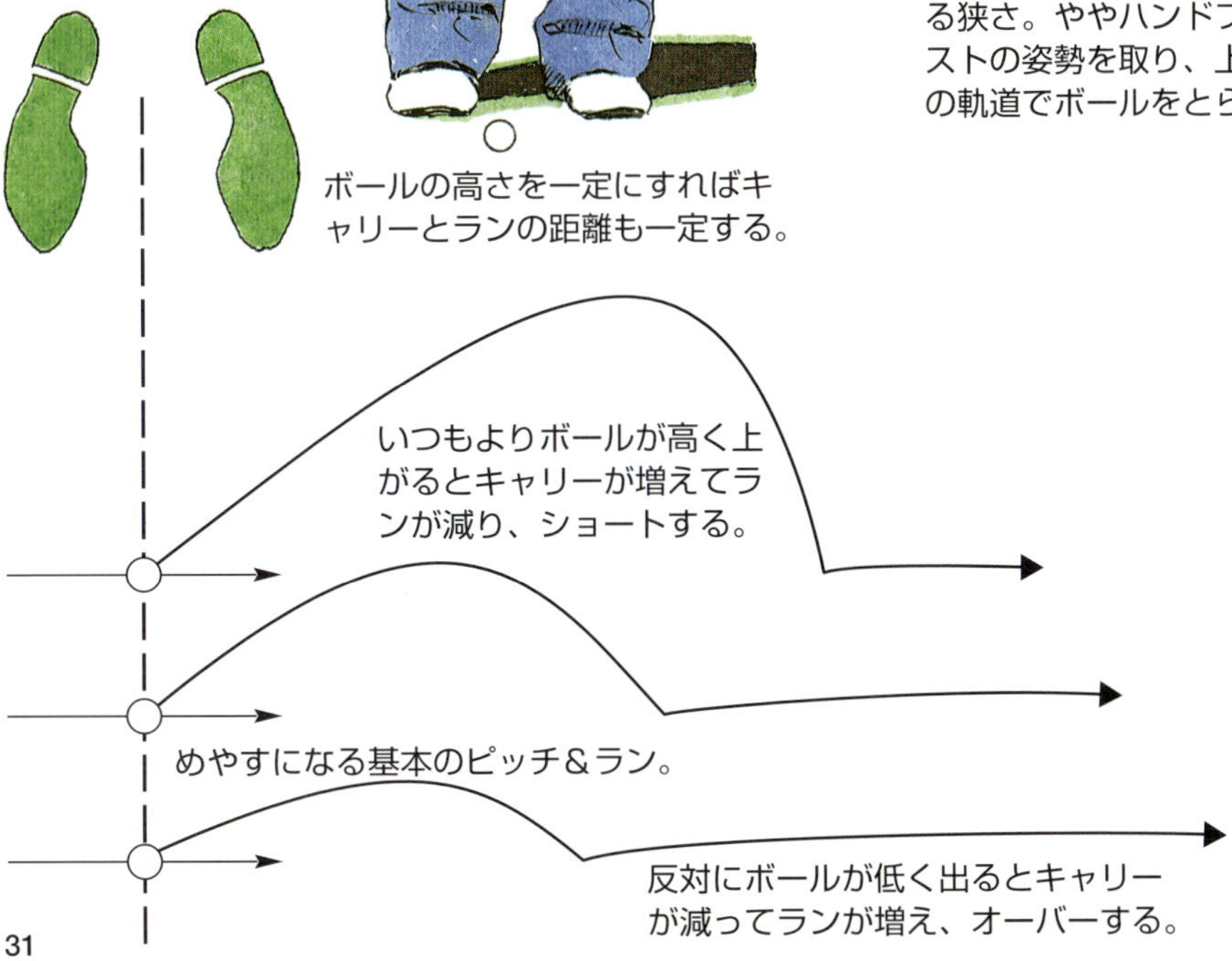
ボールの高さを一定にすればキャリーとランの距離も一定する。
いつもよりボールが高く上がるとキャリーが増えてランが減り、ショートする。
めやすになる基本のピッチ＆ラン。
反対にボールが低く出るとキャリーが減ってランが増え、オーバーする。

Running approach 1

6

フェースが開くと方向性も距離も一定しない

下半身を固定し肩と腕を中心にボールをヒット

低く転がっていく球を打つには、まず構え方から入ります。**両足の間隔は狭くして立ちますが、ボールは右足の前で、かなり右に寄せた位置です。**この位置でないと低い球になりません。

このボールに対して、**フェースを目標にまっすぐ向けてクラブをセットします。手は左太ももの内側。他のショットと比較してもかなりハンドファーストの姿勢になりますが、**そうすると目標の左を向いていると思えるほど、フェースが立った感覚になります。あくまでもフェースを立てた構えで、低い球を打つのです。

テークバックではフェースを開かないように、まっすぐ上げていきます。手首で調節しないで、両肩のタテの動きを中心にして腕を伸ばして引いていきます。腰はアドレスの形を保ち、ターンはほとんど行いません。

低い球を打とうとすると、つい打ち急いでしまいがちですが、ダウンでは急がないで、ゆっくりとやや上からの軌道でボールをとらえます。このとき、力が入って右肩が落ちるとフェースが開いてボールが高く上がってしまうか、ボールの手前を叩きダフってしまいます。余分な力は加えず、ヘッドの重みに任せるようにします。

打ったら、フェースの向きを変えないで、目標に向けたまま低い位置でフィニッシュをとります。振り抜きを大きくしないで、打った勢いが自然に弱くなった位置で止めるのです。

転がしでは距離感も大事ですが、インパクトで力が入り、方向性が狂わないようにするのもたいせつです。そのためには、**肩と腕で目標にまっすぐ低くフェースを出していくことです。**

ボールを右足の前に置きフェースを立てて構え、フェースをボールに対しまっすぐ上げまっすぐ下ろしてくる。

テークバックの初期は両腕を伸ばしフェースをボールに向けたまま両肩の回転で上げていく。

右肩を落とさずやや上からの軌道でボールを打つ。

フォローでは目線を上げずフェースを目標に向けたまま、ヘッドをまっすぐ低く出していく。

▲ボールを右足の前に置いて強いハンドファーストの姿勢に構える。フェースは開かないで目標にまっすぐに向ける。スタンスは狭くするが、左足に体重を乗せればもっとハンドファーストになって低い球が確実に打てる。

Running approach②

7

目標に対する方向性がうまく出せない

手とヘッドを一緒に目標方向に出していく

方向性を良くするためにヘッドを返さない。目線を上げず低い位置のまま、目標にまっすぐフェースを送り出していく。

目標線にボールを打ち出していくには、手やフェースも一緒に目標線に沿って、動かすようにしてあげます。これが方向性を出すための打ち方です。

スタンスはボールと目標を結んだラインに対し、**わずかにオープンに立ちます**。そのほうが手とヘッドを目標にまっすぐ出しやすいからです。

アウトに手を振り上げたり、インに手を引っぱったりしないで、目標線に沿ってまっすぐ平行に手を振ります。同時に、フェースの向きを変えないことにも、注意を払う必要があります。

トップでのフェースの向きは、やはりボールのほうを向いています。これが**スクェアポジション**で

頭の位置を固定し、飛球線に沿ってクラブを引き、まっすぐ目標に向かってヘッドを押し出していけばよい。

ボールを遠く飛ばすわけではない
のでリラックスした構えを取る。
フェースはボールを向く。
ボールの下にヘット
を入れる感じで低く
ヘッドを出していく

す。ここで開いてしまう例が多く、いったん開いたフェースはダウンで調整しないと、目標にまっすぐにはなりません。そのための操作を、ダウンの途中で行うのは、ミスを生むだけです。

　また、インパクトでガツンと強く上から打つのは厳禁です。急角度に上からつぶして打つと余計なスピンがかかり、逆にボールが上がってしまうからです。反対にボールを上げようとしてすくい打ちをするのもよくありません。ロフトが変わり、フェースの向きも狂ってボールが目標方向に飛んでいきません。

　要はパットの延長と考えればよいのです。目線を低くして目標線に沿って低くテークバックしフォローでもヘッドを低く出していけば、距離感も方向性も安定します。

Pitch shot 1

8

手首を柔らかく使う応用テクニック

ヘッドから動かしてコックを早く大きく使う

ボールを高く上げるには、もちろんロフトのあるロブウェッジやサンドウエッジなどを使います。ピッチショットはふだんはほとんど使うことはありませんが、バンカーや池越えなどでピンがすぐそばに切ってあるところなどでは威力を発揮します。

　まず、このショットで大事なのは**手首を柔らかく使うこと**です。

通常のショットよりもコックを使って打つので、まずは、グリップをいつもよりゆるく握ることから始めましょう。

　アドレスは、こぶし1個分程度の狭いスタンスで、これから自分が打つ弾道をイメージします。**弾道の頂点を見ながらアドレスすれば、少しだけ右肩が下がった構えになります。**

　クラブの軌道は大きな円ではなく、U字型の軌道を描くので、テークバックではいつまでもまっすぐ後方には引きません。ヘッドが右足の前を通過したあたりから急

ピッチショットのようにボールを高く上げるときは、弾道の頂点に目線を向け、やや左肩上がりの構えをする。例えば灌木を越すボールを打たなければならないときは、灌木の頂点に目線を向けて、高いボールを打つアドレスをしなければならない。

目線を弾道の頂点に向けやや右足体重で立ち、オープンに構えフェースを少し開きボールを上げる構えをする。

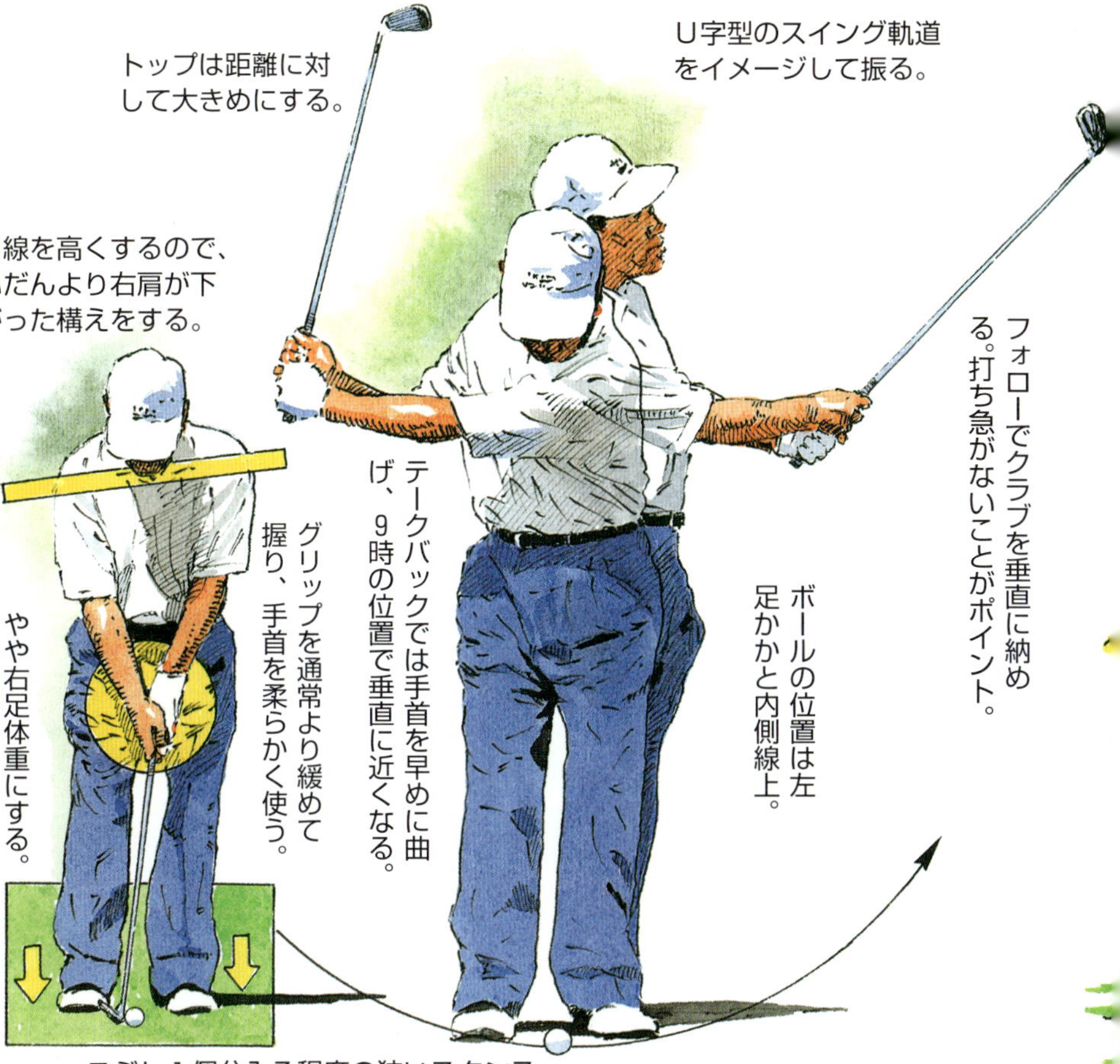
トップは距離に対して大きめにする。
U字型のスイング軌道をイメージして振る。
目線を高くするので、ふだんより右肩が下がった構えをする。
フォローでクラブを垂直に納める。打ち急がないことがポイント。
テークバックでは手首を早めに曲げ、9時の位置で垂直に近くなる。
グリップを通常より緩めて握り、手首を柔らかく使う。
ボールの位置は左足かかと内側線上。
やや右足体重にする。
こぶし1個分入る程度の狭いスタンス。

角度に上昇していくので、**始動のキッカケは肩や手ではなく、いちばん先にヘッドを動かすつもりでいれば、手首を柔らかく使うことができます。**この感覚で始動すれば、テークバックの早い時期にコックを開始し、9時の位置ではクラブが垂直に近い形になります。

振り幅は、距離に対して大きめのトップをつくります。ボールが高く上がる分、パワーが上方向に使われるので距離が出ません。

ダウンでは急に体重移動せず、右足体重のまま振り下ろしてきます。U字型の軌道を意識しながら、フェースの上をボールが滑っていく感覚を持つといいでしょう。**フォローでも手首を柔らかく使いクラブを垂直に納めます。柔らかいグリップと、打ち急がないことがポイント**になります。

Pitch shot ②

9

狙いどおりの高い球にならず低い球になる

ダウンでは絶対に右ひざを中に送らない

ピッチショットでは、縦長のU字型の軌道をイメージし、手首を柔らかく使い、ヘッドを高い位置から高い位置へとアップライトに振ることを学びました。

しかし、得てしてこんなときに限って低い球が出てしまうのはなぜでしょう。

ピッチショットが要求されるのは、厳しい状況であることがほとんどで、「早く結果が見たい」「早くこの場から脱出したい」という気持ちから、スイングが早くなりがちです。通常のショット以上に、ゆったりとしたリズムからしか、高い球すじは生まれません。

メンタル的な原因のひとつを紹介しましたが、**ピッチショットを失敗する最大の理由は「右ひざの余分な動き」にあります。**本来、ピッチショットは体のねじれやフットワークは使わずに、**自分のグリップを中心としてコックを柔らかく使って打つ**ショットです。つまり、体に仕事をさせるのではなく、**手首を柔らかくすることでクラブに仕事をさせるショット**であ

高いボールを打つには高いフィニッシュと右ひざをアドレスのまま保ち絶対中に入れないことが必須条件。

トップから間を持ち、ゆるいグリップのままゆっくり下ろすようにする。

振り急ぐとトップする。

さらに高い球にはヘッドを高くしたフィニッシュが必要。

グリップはソフトに握る。フェースは開くほどボールは高く上がる。
コックを使って……
ヘッドが先行して上がる。
右ひざを送らない。
U字型の軌道をイメージし、ヘッドを高く上げる。

るといえます。

そうなると、下半身の余分な動きは、ピッチショットには邪魔になります。とくに、右ひざを押し込んでいく動きを加えると、ロフトが立ったり、フェースが返ったりして、低い球が出るようになってしまいます。ですから、ピッチショットを成功させるうえでもっとも大事なのは、絶対に右ひざを送り込まず、インパクトまで右ひざの位置をキープしてあげることなのです。

ダウンスイングでは、右足の裏を地面につけたまま、アドレスの下半身の形をキープして打ち抜きます。U字型の軌道をイメージし、インパクトでボールを拾ったら、右ひざを送り込まないまま、フィニッシュに向けてヘッドを高く上げていきます。

Stop ball

10

歯切れよくピタッとボールを止めたい

右ひざの動きを止めれば球は上がって止まる

落ちてすぐ止まる球を打つときは、右足つま先と右ひざを外に開き、右ひざを止めてU字型の軌道で振り抜く。

ピッチショットとも関連するのですが、**ボールを止めたいときにも、ダウンで右ひざを止めるようにします。**そうすると、球すじが高くなって、ランの少ない球すじになるのです。

通常のアプローチではスタンス幅を狭くして立ちますが、ここで**は両足を少し広げます。肩幅より少し広めくらいに立ちます。**

アドレスで右足のつま先を外に向け、同時に右ひざも外に向けて、右ひざが中に動くのを、止める形をつくっておくのです。スイング中ガニ股をキープするイメージを

右ひざに注目！　ランをさせたくなく、ピタッと止めたければ、ダウンで右ひざが絶対に中に入らないようにする。アドレスで右足、右ひざをあらかじめ外に向けた姿勢をとる。スイングを通して右ひざが不動の姿勢をとり続ける。

タテ長のU字型スイングをする。
ポイントは右ひざを止めて振り抜くこと。
STOP
ボールは落ちてからすぐ止まる。
スタンス幅は肩幅より広めにとり、ガニ股スタイルで構える。
右ひざも外に向ける。
右足つま先を外に向ける。

強く持つようにします。

このスタンスをとったら、あとはピッチショットの要領で手首を柔らかく使い、早めのコックで振ります。トップでヘッドを高く上げて、フィニッシュでも高く納めていきます。

この打ち方は、グリーン周りでピンが近い状況のラフからとか、下り傾斜から少しでもボールを上げて、ランを少なくしたいときに用いる方法です。

ふだんからボールが止まらないと感じている人は、この**右ひざを止めるガニ股スタイル**の打ち方を試してみることです。**ダウンスイング以降体が左へ突っ込むことがなくなって、ヘッドがボールの真下を歯切れよく振り抜けるようになり、ランの少ない高い球すじになります。**

Roll ball 11

アプローチで球足の長い球を打ちたい

腕の振りに合わせて右ひざを中に送っていく

◀右足の内側で地面を押しつける感じで右ひざを左ひざに寄せていく。軸が左に動くほど極端にはしない。

右ひざを軽く内側に送り込むと、ランの距離が伸びる。落ちてからの球足がよくなるのでカップインの確率が高くなる。▼

イメージどおりアプローチできているのに、なぜかショートしてしまうときや、もう少しだけ球足を長くしたいときがあります。

球を高く上げて止めたいときには、右ひざを送り込まずに打ちましたが、このケースでは逆に**右ひざを送り込んでいく**ようにします。右ひざを送り込むとクラブの入射角がゆるやかになりスピンの量が減り、通常よりもランが出るようになるのです。

トップからダウンにかけて、腕を振り下ろしながら右ひざを送り込みますが、ひざを前に突き出し

ランを多くするときにはダウンで腕を振り下ろすと同時に右ひざを左ひざにくっつけるように送り込んでいく。

右ひざを送り込むことによってクラブの入射角が緩やかになり、スピン量が減り、ランが増える。
右足のかかとは浮かせずに右足内側全体を地面に押しつけるようにして左へ寄せていく。
両ひざの高さは変えない。
ダウンと同時に右ひざ頭を左ひざ頭にくっつけるようにして送り込む。

てはいけません。**右ひざ頭を左ひざ頭にくっつけるように寄せるとひざの高さがキープでき、ダフリやトップのミスを防ぐことができます。**

　このとき、右足のかかと側を全部浮かせて、足裏を飛球線後方に向けてしまうのではなく、**右足の内側全体を地面に押しつけるように左へ寄せていきます。**

　右ひざを止めて我慢するスイングほどの難しさはありませんが、フットワークを使いすぎてインパクトがバラバラになる危険性がありますので、右ひざの送りを使いながらも、両ひざをくっつけるようにして高さを変えないことに注意すべきでしょう。ピンが二段グリーンの奥にある場合など、いつもよりもランを稼ぎたいときに有効なテクニックです。

Roll at wood
1

意外とやさしいウッドを使った転がし作戦

短く持って掃けば芝の上をソールが滑る

フェアウェイウッドを使った転がし作戦です。あまり見慣れない方法ですが、実際にタイガーウッズなどのプロゴルファーも使っている方法で、ミスをする確率が低く楽に転がせるというメリットがあります。

あえてウッドを使う理由は、**アイアンよりもソール幅が広いところにあります。ソール幅が広ければ、刃の部分が突き刺さることも少なく、多少手前から入ったとしても芝の上を滑っていってくれるのです。**

これほどのメリットがあるウッドでのアプローチを多くの人が実践しないのは、長いシャフトに理由があります。

43インチもの長さのフェアウェイウッドを、めいっぱいの長さに持ってしまっては扱いづらいので、**グリップ部分ではなく、シャフト部分を握ります。**クラブを持つときには、絶対にグリップ部分を握らなければいけないというルールはありませんので、大胆に短く持ちます。

アドレスでは、シャフトが体に当たらないようにハンドファーストに構え、グリップ部分を左わきの横に逃がしてあげます。

打ち方としては、ランニングアプローチかパターの要領を応用します。**なるべくヘッドを地面から上げないように、低く低く芝の上をスイープさせて振っていきます。ですから構えに関しても、パターのように両腕で五角形をつくり、その形を保ったままストロークす**るようにします。

ウエッジと比べてウッドはヘッドが軽いので抵抗に弱い面があります。それを補うために、右手のグリップをしっかり握り、**右手首の角度を保ったまま振り抜きます。**

フェアウェイウッドを使った転がし作戦は芝の上をソールが滑ってくれるのでウェッジよりやさしく打てる。

◀シャフトを握るくらいに極端に短く持つ。

シャフトが体に当たらないようにハンドファーストに構え、左わきの横にグリップを逃がしてあげるとよい。

短く持って両肩とグリップでつくる五角形を崩さないよう低く振り抜く。ソール部が芝の上をすべるので、ボールをとらえやすい。

Approach putte 2

グリーンの外からでもパターで確実に寄せたい

ロングパットの要領で距離感を合わせる

●超ロングパットの要領で打つ

軸を固定させ、腕を大きく振っていく。結果が気になるところだが、ヘッドアップを防ぐために完全にヒットするまで顔を上げないで我慢する。

グリーン上でしかパターを使ってはいけないということはありません。花道やベアグラウンドでボールが上がりづらい状況などからは、パターを使って転がすのが無理のない最良の方法です。

パターを使ってアプローチをするとき、まず**グリーンに乗るまで、どのくらい芝の抵抗があるのか状況を把握します。**次にラインを読みます。**グリーンの外からでも、大きなグリーンに乗っているものと仮想して、大きく影響しそうな傾斜のみ頭に入れてラインをイメージします。**

こうした読みを総合させて、ストロークの大きさ、つまり力加減を計算します。「超ロングパット」になるので次のことに注意します。

①**早打ちせず、ゆっくり確実にヒットさせること。**

②**背筋を伸ばし高い姿勢で構える。**

③**素振りを行い体に振り幅を記憶させる。**

④**ヘッドアップは厳禁。**

ボールとグリーンの間の芝が刈り込まれていれば、パターで転がすのが一番やさしい。カップに寄る確率も高い。

NO
打つことばかりに気をとられると、背中が丸くなりイメージした振り幅がつくれず、方向性も悪くなる。

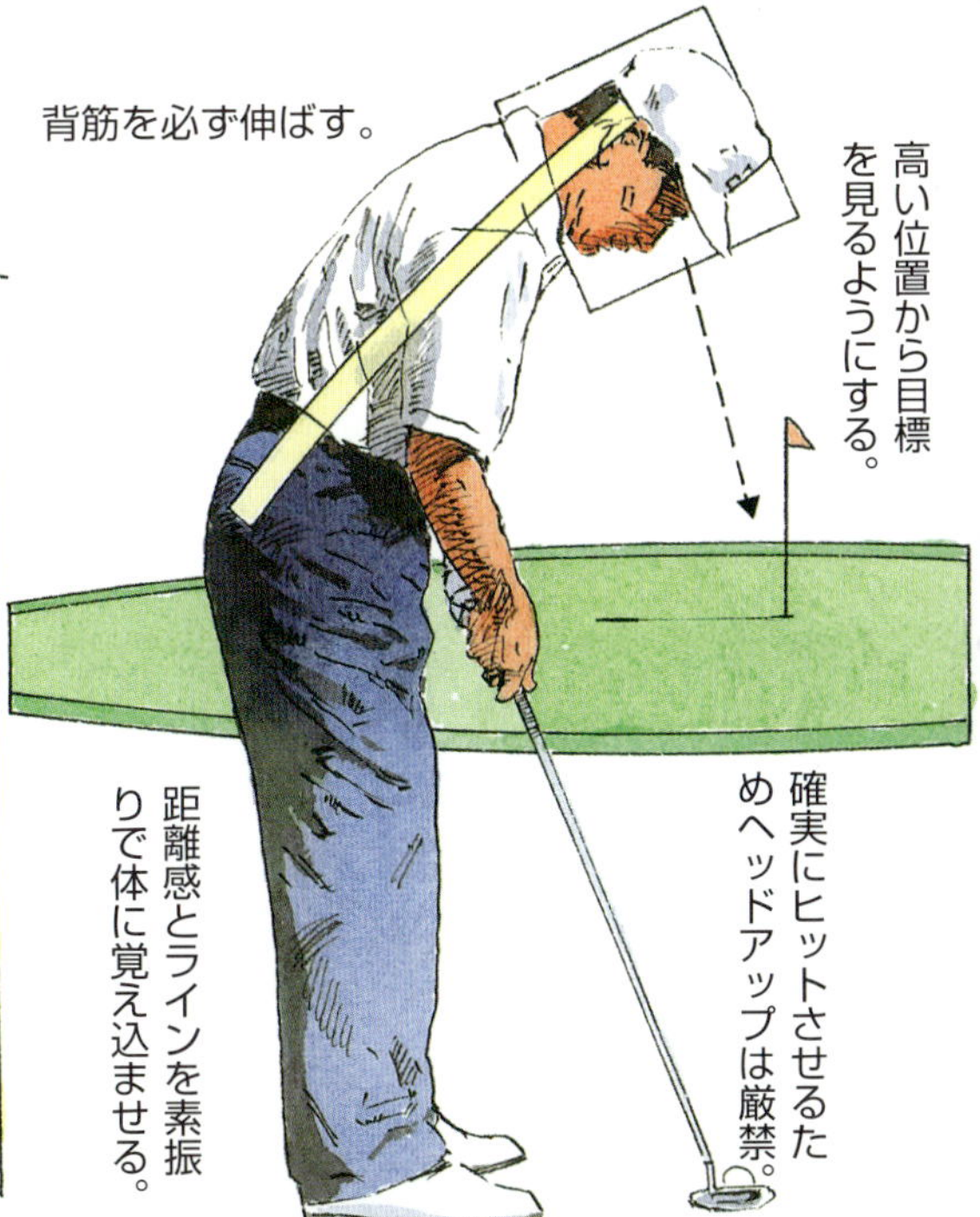
背筋を必ず伸ばす。
高い位置から目標を見るようにする。
確実にヒットさせるためヘッドアップは厳禁。
距離感とラインを素振りで体に覚え込ませる。

Club select 3

グリーン周りはウエッジ1本でよいか

キャリーとランの割合で最適なクラブを選ぶ

ボールからグリーンまでとそこからピンまでの距離によりクラブの特性を生かして使い分けることがたいせつ。

アプローチは、残りの距離に合わせてクラブを選ぶのがもっとも標準的な方法といえます。ただし、残りの距離というのは、たんにピンまで何ヤードというのではなくて、グリーンエッジまでと、そこからピンまでの距離の両方を把握することをいいます。つまり、**アプローチでは「キャリー」と「ラン」の2つの距離を分けて考えなければならないのです。**

ボールがエッジに近く、ピンが奥にある状況では、手前のカラー部分だけをキャリーさせ、あとは転がしていくのが、最も寄る確率が高く安全な作戦になります。それを基にクラブを選ぶとすれば、やはりロフトの立ったミドルアイアンが適当になります。

転がしていける状況なのに、わざわざボールを上げる必要はありません。アプローチはいつもボールを上げるものと考えるのは、作戦に融通性が欠けています。むしろ、**まず転がしていけないものかと考える方が、結果的にいっても成功率は高いものです。ボールを上げる動作はミスにつながる確率が高く、それにキャリーさせる距離をイメージ通りに出すというのは、たいへん難しいことです。**

状況に応じて選択するアイアンは、5番からウエッジまでと幅広くします。ロフトしだいでキャリーも、ランする距離も決まってくるので、そうしたアイアンの特性に任せたクラブ選択を行うのです。そのほうが失敗も少なく、寄る確率も高くなります。

5番でキャリーが1、ランが9の割合であれば、7番ならキャリーが2、ランは8の距離。こういう具合に自分なりの目安を決めておけば、実戦で使えるようになるはずです。

転がして寄せるのが一番安全。
上げて寄せるのはリスクが多い。

●6番アイアンのアプローチ
グリーン周りからのアプローチに使うクラブは多種多様。ウェッジ一本に絞らないで、グリーン手前の芝を飛び越えオンしてからピンまで転がって届くアイアンを選ぶ。自分で球すじを打ち分けるよりもクラブそのものの特性を生かした球すじで寄せる。

クラブ別のキャリーとランの割合は、人によって若干異なることがあるので、自分なりのキャリーとランの距離を確立しておく。

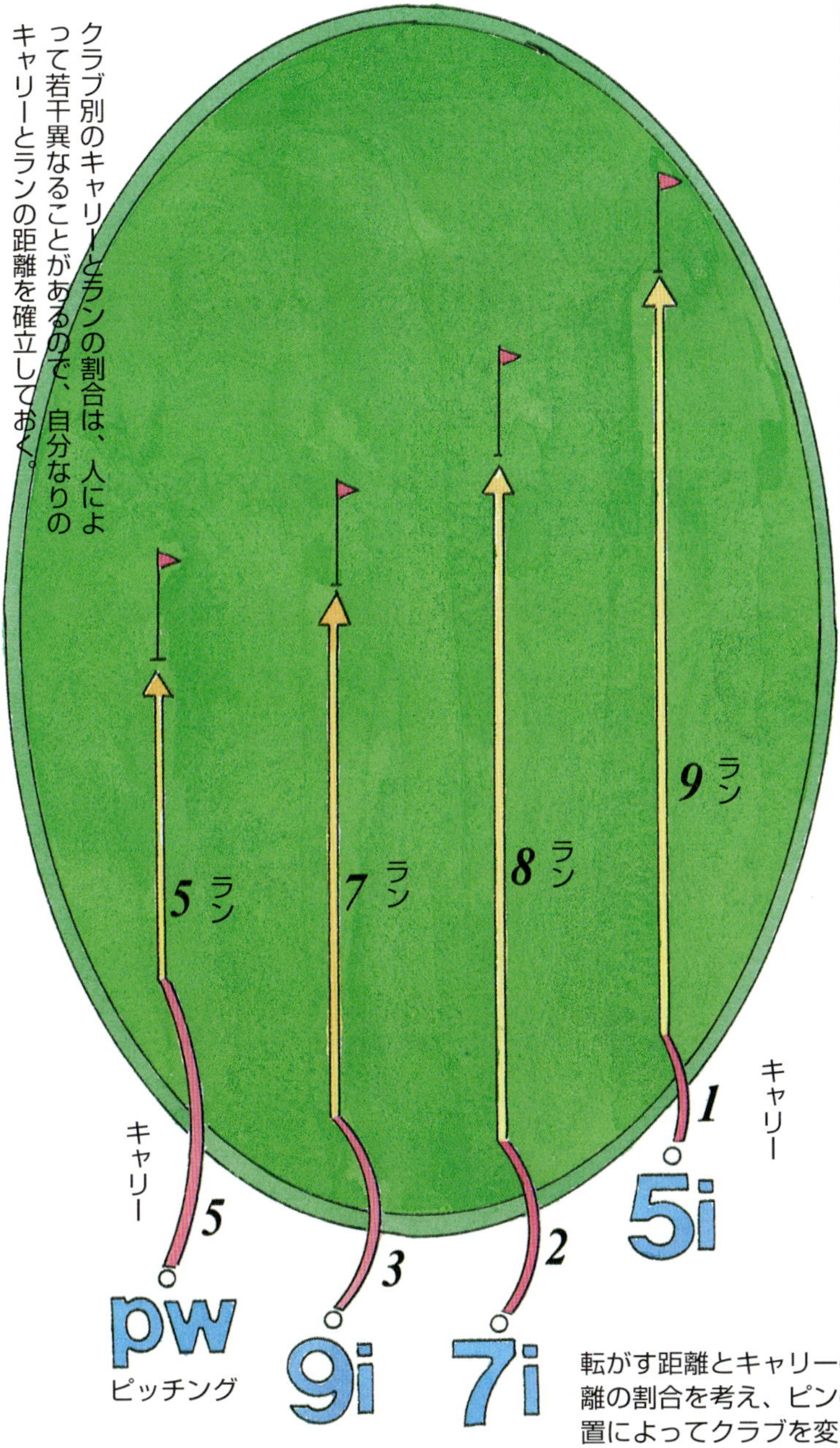

転がす距離とキャリーの距離の割合を考え、ピンの位置によってクラブを変える。

Wedge tooth 4

カラーの長めの芝にボールが寄りかかっている

ウェッジの刃の部分でボールの腹をコツン！

グリーン周辺のカラー部分の芝が長く、ボールがカラーに寄りかかってしまったとき、後ろの芝が密着していて、ボールを直接打てないことがあります。

仮にウェッジで打ったとしても、手前の芝がじゃまをしてどんな球になるか予測がつかず、それだけに力加減もどれくらいで打てばいいのかつかみにくくなります。

ヘッドを打ち込めば必ず強い抵抗がきます。まして逆目だったりすれば、ヘッドがボールに届かなかったり、芝がからんでヘッドが強く返ることさえあるのです。

ここで考えなければならないのは、手前の芝の抵抗を受けないように打てるかということです。**芝の抵抗を避けるには、フェース下部のリーディング・エッジ（尖った刃先）でボールの腹（赤道）を横から掃くようにします。**

これならヘッドを芝の中に通さずに、上を滑らせるのですから、芝の抵抗はほとんど受けません。芝の茎の部分に当たらず葉先を横になでる感じなので、抵抗を弱くすることができるのです。

さらに、**オープンスタンスに立ってフェースを開くと、リーディングエッジを目標に直角に向けて構えやすくなります。**現在のボールはカバーが丈夫なので、刃で叩いてもそんなに傷はつきません。

このストロークで注意しなければならないことは、**ボールに当たるポイントが「刃」であるだけに、体を絶対上下動させず、ボールの腹をコツンと打つことです。そのためにはひざの高さを変えないで、「ビハインド・ザ・ボール」を意識するようにします。手先でスイングしないで、肩の振り子式ストロークで、パターのように打てばよいのです。**

グリーンエッジで芝がじゃまして直接打てないときはウェッジの刃をパターのように使いボールの赤道を叩く。

ラフに密着してカラーに止まったボールほどやっかいなものはない。ウェッジやパターを使って打とうとしてもラフの抵抗に合って、スイングの大きさや強さを計算できない。そこでラフの抵抗をなくすウェッジの刃で打つことを考える。

「ビハインド・ザ・ボール」を意識する。
ボールに当たるポイントが「刃」だけに体の上下動に十分注意する。

手先で打たず肩の振り子ストロークでパターのように打つ。
ウェッジの刃でボールの「赤道」を打つ。
ラフに密着してカラーに止まったボール。

One cushion 5

ボールを上げるより手前にワンクッションさせたい

フォローを傾斜に沿って低く出していく

◀右足に体重を乗せ頭をボールの後ろに持ってきて構えると、ヘッドの通り道がなくなり、手前の地面を叩いてダフる。

▶下り傾斜からグリーンに乗せるには低い球で手前にワンクッションさせ、勢いを殺した上でランさせる。体重は左足に乗せ、ボールは真ん中から右足寄りに置く。

グリーン手前の土手にワンクッションさせるのだから、左足体重にしてフォローを低く出し低い球を打つ。

ボールが左足下がりの斜面にあって、グリーンの手前に土手があるときには、ボールが上げづらい状況なので、**ボールを手前の土手にワンクッションさせてグリーンに乗せていきます**。無理にボールを上げて土手をキャリーで越すよりも、はるかにやさしくグリーンをとらえることができます。

まず見なければならないことは、**土手の傾斜がどのくらいあるか**です。土手の傾斜度によってボールをワンクッションさせたとき、どのくらい食われるかが変わってきます。傾斜が緩やかなのに強く当

あまり強い球を打つと、土手にワンクッションさせてもボールの勢いが殺されず、ピンをはるかにオーバーしてしまうので、ややソフトなタッチが要求される。
左足下がりのライ。
グリーン手前の緩やかな土手。

少しくらい強めの球を土手にワンクッションさせても、ボールの勢いが急斜面に食われて、グリーンの手前に止まってしまうことがあるので、やや強めのタッチが要求される

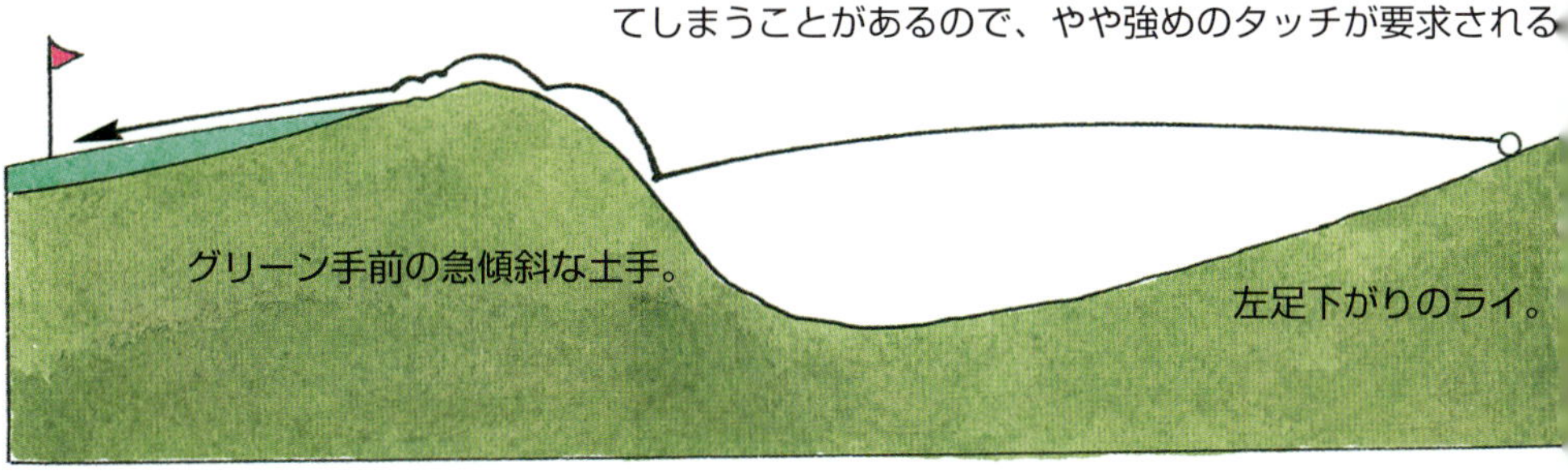
グリーン手前の急傾斜な土手。
左足下がりのライ。

てると、ボールは前に跳ねてコントロールの効かないボールになります。逆に傾斜がきつければ、かなり強く当てても土手の向こう側に跳ねず手前に止まってしまうこともあります。**土手の傾斜角度をボールを打つ力加減の判断材料にします。**

斜面では傾斜に逆らわず立つのが原則で、低いほうの左足に体重をかけます。傾斜がきつくなればなるほど左足に多く体重をかけ、**肩・腰・ひざのラインを地面と平行にします。**

目線はボールをクッションさせる点に低く向け、ボールは真ん中から右足寄りに置き、ハーフライナーを打つイメージでかなりハンドファーストに構えます。クラブを短く握り、フォローを傾斜に沿って低く出していきます。

Preparation for bunker
1

バンカーでの苦手意識はどこからくるか

砂を打ち抜いていく強い気持ちを持て！

バンカーから脱出するのに、いちばん必要なのは「**自信**」です。技術的なテーマは後回しにして、心理的に余裕があるのとないのとでは、結果に大きな差が表れます。

不安を感じたり、動揺している状態では、いい結果は得られません。どのショットもそうなのですが、それほどはっきりメンタルの影響を受けるのがバンカーショットだといえます。

では、自信をつけるにはどうしたらいいのでしょう。**こうすれば必ず脱出できるという「しくみ」を理解し、あとは実際に打ってみて成功することです。**

グリーン周りのバンカーと通常のフェアウェイにあるボールの打ち方の大きな違いは、**クラブで直接ボールを打つか否か**です。ボールに対して直接クラブを当てるのではなく、手前の砂にクラブを入れていくわけですから、結果に対しての許容範囲は、バンカーの方が寛容だといえます。つまり**多少のダフリの誤差はすべてオッケーということ**なのです。

そう考えると随分かんたんに思えてきますが、多くのアマチュアがバンカーを苦手にしているのはなぜでしょう。その理由のひとつが、レッスン書で「ボールの手前3センチのところを目がけて打ち込む」というセオリーにあります。

エクスプロージョン（爆発）という言葉どおり、バンカーからは砂の爆発によって脱出させますが、「打ち込む」だけでは十分な爆発力は得られません。むしろ、**「振り抜く」ことこそ脱出に必要な爆発力を生み出すのです。**

砂にヘッドが入る「入口」と、抜けていく「出口」をしっかりイメージし、あとは絶対にためらわずに振り抜いてあげればいいのです。

バンカー脱出の大原則はインパクトで調節しないで決めたフィニッシュまでヘッドを振り抜いてしまうことだ。

ヘッドを打ち抜く勇気が必要。迷い、不安にとらわれていては振り抜けない。フィニッシュの位置を決めたら、必ずそこまで振っていくことだ。

球の手前にヘッドを打ち込むだけではバンカーから脱出できない。

NO

爆発（エクスプロージョン）させなければという気負いが、ヘッドを打ち込むだけのスイングを生む。

構える前にフィニッシュの位置をしっかりイメージし、インパクトにこだわらずにその位置まで振り抜いていく。

バンカー脱出の大原則はヘッドを「振り抜く」こと。

Strategy of bunker 2

バンカーの状況に応じた打ち方をするには

ボールのライをしっかり見抜いて対処する

バンカーショットではまずピンまでの距離とボールのライ、土手の高さなどを見て、適切なクラブ選択をする。

バンカーでは**状況判断**が重要になってきます。打ち方はよくても、正確に状況判断できなかったために結果が伴わないことが出てきます。アドレスに入る前に、どのようなことを注意しなければならないのでしょう。

まず、バンカーに入っていく前に周囲の状況をつかみます。ボールからピンまでの距離、そしてグリーンの傾斜を確認します。

自分のボールがあるバンカーへは、必ず土手の低い場所から入ります。たとえ距離が近くても、グリーンに近い側は土手が高いことが多く、土を崩したりコースを傷めるおそれがあるので、後方から入ります。そのときに、必ずバンカーレーキ（砂ならし）を持っていきます。打った後に砂をならしながら出ることができるので、プレー時間の短縮につながります。

基本的に、バンカー内でクラブをソールするとペナルティーが課せられますが、ウェッジ類を2～3本持ち込んで、置いておくだけなら罰打はつきません（ただし、一度置いたクラブに取り替えたら罰打がつきます）。

さて、**バンカーに入ったらボールのライをチェックしましょう。平らな状況にあるのか、沈んで目玉の状態になっているか、ライによって打ち方も変わってくるのでしっかり確認します。続いて、前方の土手の高さを見て、クラブ選択とフェースの開き具合をイメージします。**

以上の情報を仕入れたうえで、アドレスに入りますが、手やクラブで砂に触れられない以上、**足場を固めながら、軟らかいのか硬いのか、砂質を最後に判断します。**

戦略なくしてバンカーの克服はできないといえるでしょう。

バンカーではボールのライや砂質、土手の高さ、カップまでの距離、グリーンの傾斜などをよく観察してクラブ選択とフェースの開き具合をイメージする。

グリーンの傾斜
距離
土手の高さ
傾斜
砂質
ライ

まず戦略ありき。そのためには状況判断は欠かせない。ピンの周囲から自分の足元までの状況を見抜き、自分なりの戦略を構想する。足の裏でバンカーの砂の質や量を感じ取るようにする。

Address in bunker 3

ボールを上げようとするほど脱出できない

体を右に傾けたりせず、まっすぐに立つ

構えにはその人の意思が割合、はっきりと現れるものです。**ボールを上げたいという意識が強いと、自然に右足のほうに体の傾いた姿勢になります。**オープンスタンスに立つと、ますますこの傾向が強くなります。右足体重のこの立ち方のまま振ると、ボールの手前をダフります。

ボールがグリーン上に落下してからなかなか止まらずコロコロと転がっていくのは、ダフっている証拠です。

しかも、ねらい通りの高さにボールが上がっていきません。ある程度高く上がらないと、バンカーから出なかったり、出たとしてもバンカーとグリーンとの間のラフに止まってしまったりします。

バンカー内でアドレスするときには、体の軸をセンターに置いて、体が斜めに傾かないようにまっすぐに立ちます。両足は肩幅とほぼ一緒の広さにし、左足にやや体重をかけます。

両足を砂の中に埋めるほど、深くもぐり込ませる必要はありませんが、下半身がぐらつかない程度に沈めます。砂の上に自然に立つ感じでも、上体に力が入らない限り、下半身がぐらついたり、足が砂の上で滑ったりはしません。

全体の姿勢としては、アプローチのピッチショットに近い構えで、ハンドファーストではなく**シャフトが垂直になるようにします。バンスをボールの手前に打ち込み、ボールの前後の砂を薄く剥ぎ取るようなイメージを持ってヘッドを振り抜くためです。**バンカーでハンドファーストにしないのは、上から急角度にヘッドを打ち込む必要がないからです。背すじを伸ばしすんなり立った姿勢で構えるのがベストです。

バンカーではやや左足体重で体の軸をまっすぐにし、スタンスを両肩と同じ幅にして両足を砂に埋めて構える。

ボールを上げたいと思うと、右肩の下がった姿勢になり、ボールのさらに▼手前を叩くダフりになる。

▲体の軸はまっすぐにして立つ。ハンドファーストにはせず、ピッチショットに近い構えをとる。砂の上であっても、構えに緊張感を持たせずリラックスした自然体で立つ。

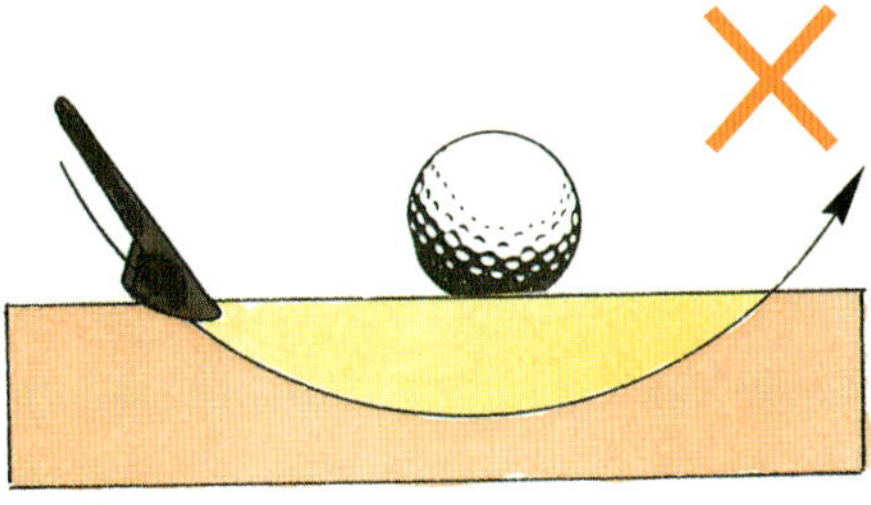

リーディングエッジから打ち込むとヘッドが砂の中に深く潜ってしまい振り抜くことができなくなる。急角度に打ち込むことも、同様にボールが飛ばない結果を招く。

NO

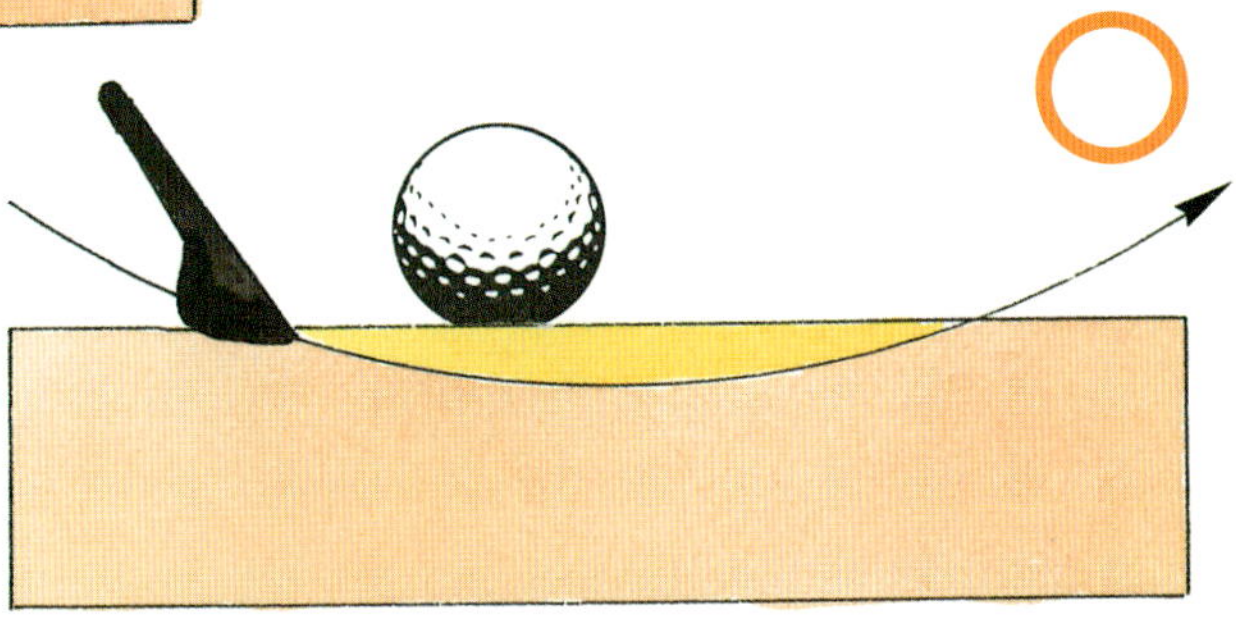

バンスをボールの手前に打ち込み、前後の砂を剥ぎ取るイメージで振ると脱出できる。

Direction in bunker 4

ふつうのバンカーではスクエアに構えて打つ

オープンに立ってフェースを開くのがセオリーか

●ふつうのバンカー

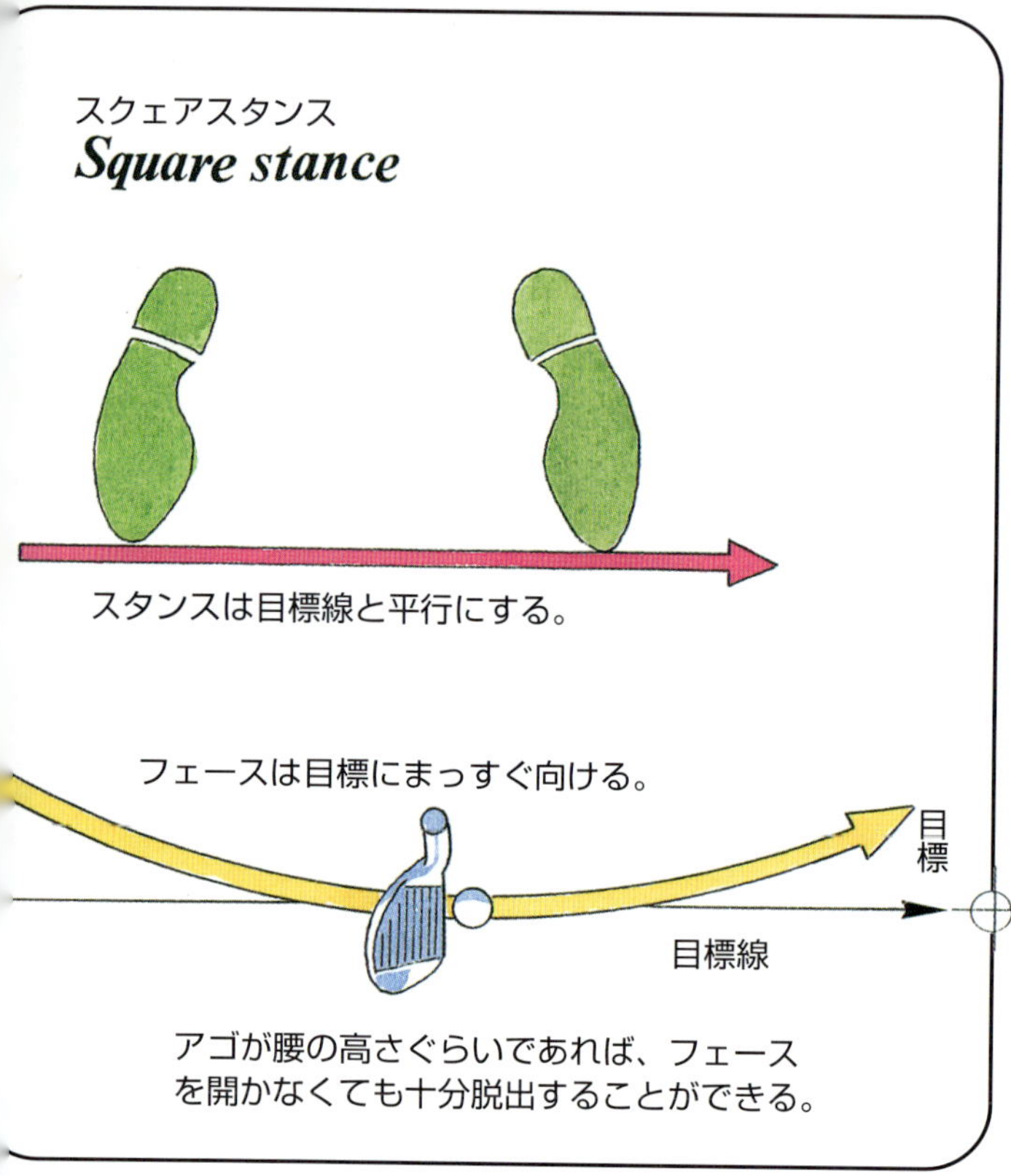

スクエアスタンス
Square stance
スタンスは目標線と平行にする。
フェースは目標にまっすぐ向ける。
目標
目標線
アゴが腰の高さぐらいであれば、フェースを開かなくても十分脱出することができる。

土手が腰より低いバンカーなら、ボールを左足かかと内側線上に置いてアプローチ感覚でスクェアに構えて打つ。

バンカーショットはオープンに立って、フェースを開き、アウトサイド・インの軌道で打つといわれますが、**通常のアゴの高さ（腰より低いくらい）なら、アプローチの延長と考え、スクェアに立ってフェースも開かないで、目標に対してまっすぐ振り抜いていけば、ボールは十分脱出できます。**ただし、ボールを直接打たず、手前にクラブを入れ砂を爆発させるので、ボールを左足かかとの内側線上に置きます。この方がアプローチと同じ感覚でやさしく打て、方向性も距離感もよくなります。

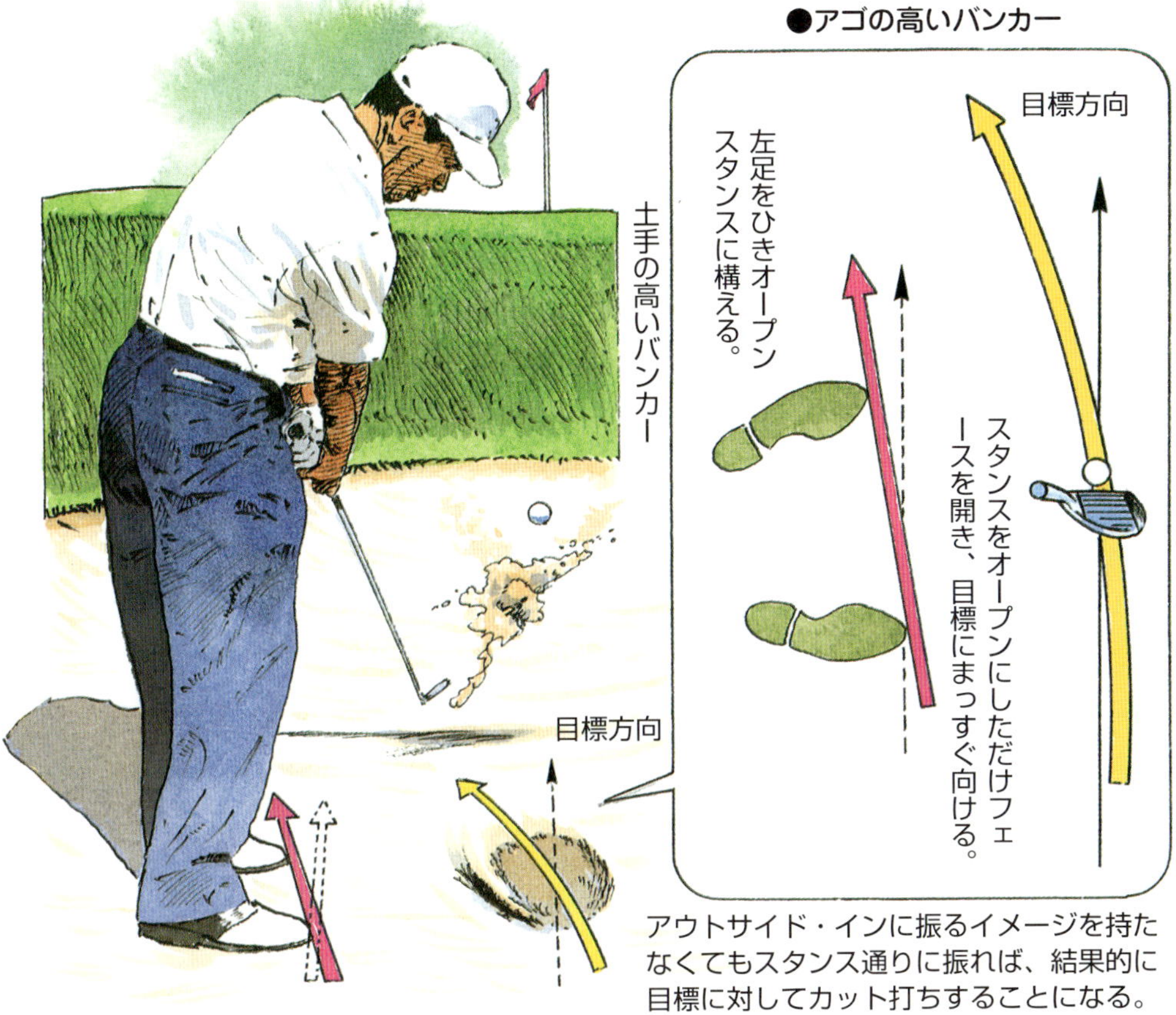
●アゴの高いバンカー
目標方向
左足をひきオープンスタンスに構える。
スタンスをオープンにしただけフェースを開き、目標にまっすぐ向ける。
土手の高いバンカー
目標方向

アウトサイド・インに振るイメージを持たなくてもスタンス通りに振れば、結果的に目標に対してカット打ちすることになる。

アゴが高い場合のみ、ボールを上げるためにフェースを開き、フェースが目標を向くようにその分だけオープンに構えます。これでボールを上げる準備ができたので、**左に向けたスタンスに沿って、目標に対しインサイドの方向へクラブを振っていきます。**

フェースを目標に向け、スタンスを左に向けることによって、目標へまっすぐ高くボールを飛ばすことができるのです。

ここで注意したいことは、**自分で方向を出そうとして、クラブを目標のほうに振っていかないことです。そうすると、ボールは目標の右へ飛んでいってしまいます。**しかも、スイングがインサイド・アウトの軌道になって左わきが甘くなるので、シャンクする危険性も出てきます。

Back swing 5

バックスイングは通常のスイングと同じでいいか

テークバックで左ひざをアドレスの位置に保つ

バンカーショットでは左ひざの位置を変えないで、体が右に流れないようにテークバックする。

バンカーだからといって、特別な打ち方があるわけではありません。逆に、「特別な打ち方があるのでは？」と思っているところがバンカーをより一層難しくしているのです。**通常のウェッジのショットと同様にスイングします。**

テークバックでは、体が右に流れないように注意します。スイングが大きくないので、体が右に動くと、ダウンスイングで動いた体を戻すことができずに、ボールよりもかなり手前にヘッドを落とすことになってしまうのです。これを防止するには、**始動のときの左**

体が右に流れ軸が右にずれたら大ダフりになる。フェースに砂を乗せてバックスイングをしてみる。この打ち方ではフェース面の向きがすぐ変わるので、乗せた砂がすぐに落ちてしまう。▼

体の動きを中心にするよりもヘッド側を先に動かすイメージでバックスイングすると、クラブは高く上がる。軸は絶対に右に移動させない。左ひざを残してテークバックする。

テークバックでフェースに乗せた砂を落とさない。

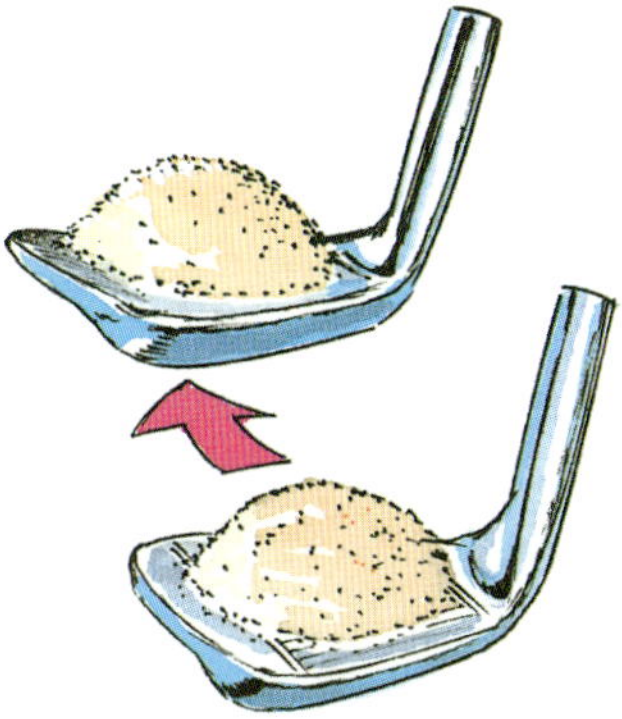

ひざを動きに注意します。左足をアドレスの位置に保ち、左ひざが中に入っていこうとするのを我慢します。ひざが動くということは、横のブレにつながってくることですし、それが上下のブレにもつながってきてしまうのです。

　スムーズなテークバックを覚えるための練習法を紹介しましょう。バンカー内でアドレスして、構えたクラブフェースの上に砂を乗せます。急に手首をコネたり、大きくひざを動かしたりしなければ、フェース上の砂は落ちません。

Impact 6

砂を爆発させる感触がうまくつかめない

ボールのところで止めないで振ってしまう！

エクスプロージョン・ショットは、ヘッドが抜けた後にボールが砂に包まれるようにして、はじけ飛んでいくのが理想の形です。ボールにスピンがかかって、柔らかく砂煙の中から飛んでいきます。

そのために必要なことは、**ヘッドをしっかり振り抜くこと**です。

バンカーショットでヘッドを砂に打ち込むとき、バンスが多少ボールから離れて入っても、またボールの近くに入りすぎても、フォロースルーが腰以上の高さまで振り抜かれていれば、**ボールが飛び出す角度の高低差やキャリーの差があっても、トータルの飛距離としてあまり変わりません。**ボールから少し離れたところにバンスが入ればボールが低く飛び出し、キャリーが減るだけでランが多くなります。逆にボールの近くにバンスが入ればボールが高く飛び出し、キャリーが増えてランが減るからです。

いちばんよくないのは、インパクトの前にスピードをゆるめてしまうことです。その理由はいろいろあるでしょうが、グリーンのすぐそばから通常よりも大きなスイングをする抵抗感が大きな理由でしょう。一瞬、強すぎるとか、大きすぎるのではないかという感覚が頭の中をよぎると、ブレーキをかけて距離の調整に走ってしまうのです。

この打ち方では、砂をはじき飛ばせません。ヘッドがドスンと砂にめり込んで、そのまま終わりになってしまいます。勢いがないのでボールは脱出さえできないことが多くなります。

サンドウェッジの機能を信じて、終始同じスピードで振り抜いていきます。インパクトでは、絶対に調節しないことが重要です。

バンカーではバンスから打ち込み腰の高さ以上までヘッド振り抜きさえすれば、ボールは必ず脱出できる。

インパクトで体を沈み込ませて合わせにいかない。振り抜けなくなる。

ヘッドが通過した後、砂の中からボールが飛び出す形になるのが理想のエクスプロージョン。インパクトで距離感を合わせようとすると、ザックリになる。

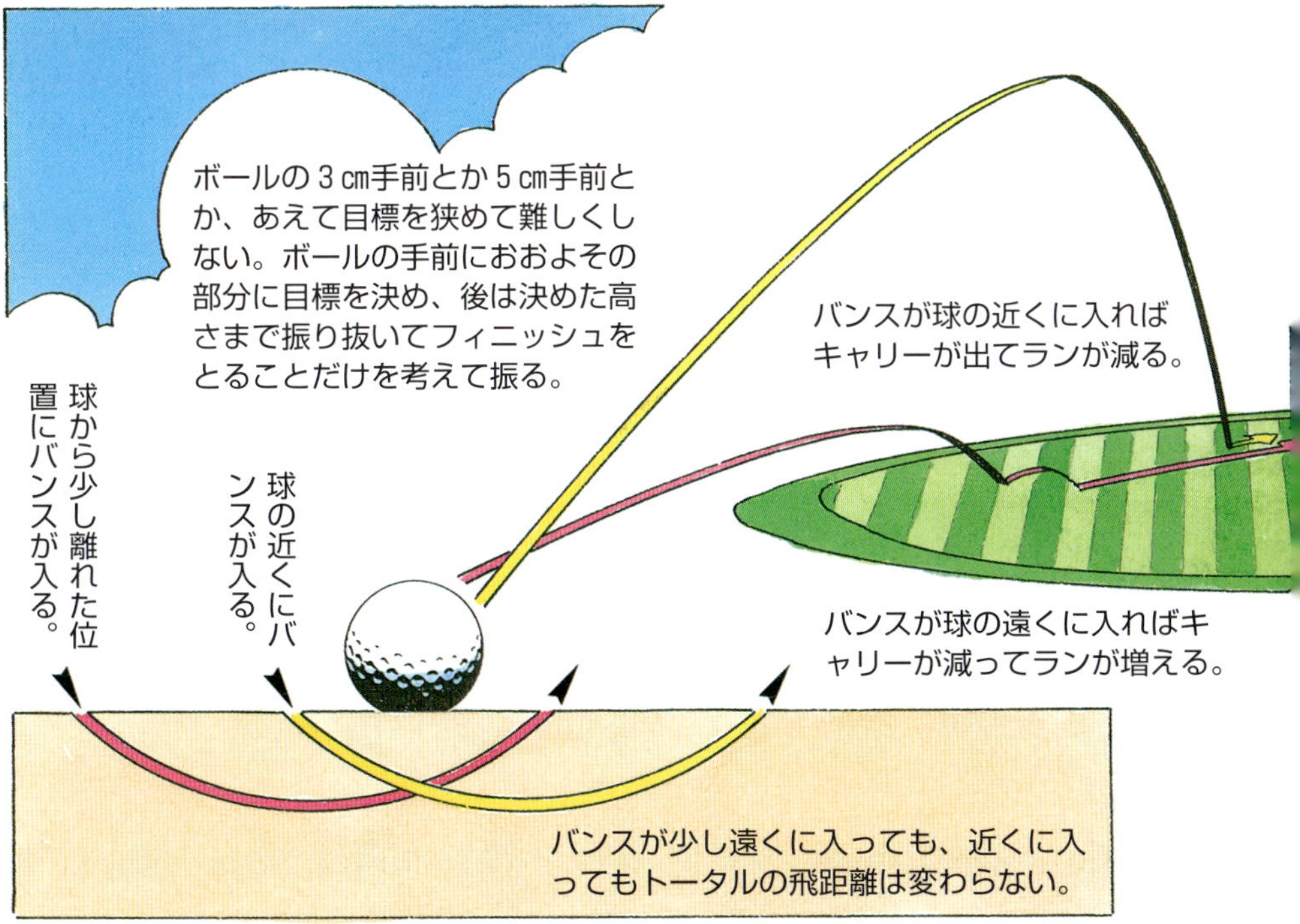
ボールの３㎝手前とか５㎝手前とか、あえて目標を狭めて難しくしない。ボールの手前におおよその部分に目標を決め、後は決めた高さまで振り抜いてフィニッシュをとることだけを考えて振る。

バンスが球の近くに入ればキャリーが出てランが減る。

球から少し離れた位置にバンスが入る。

球の近くにバンスが入る。

バンスが球の遠くに入ればキャリーが減ってランが増える。

バンスが少し遠くに入っても、近くに入ってもトータルの飛距離は変わらない。

Finish

7

バンカーショットに小細工は必要ない

打つ前にフィニッシュの位置と形だけをイメージ

フィニッシュの高さと形を決め、そこまで必ず振り抜いていけばバンカーショットの失敗はなくなる。

バンカーを苦手としている人は、トップからフィニッシュまでのスイングのイメージができていない場合が多いのです。これはバンカーショットに限ったことではありませんが、つまり、始発駅から終着駅までの道程をしっかりイメージできていないのです。

どんなバンカーショットでも10時の位置のトップと2時の位置のフィニッシュでは、シャフトが立つようにします。どちらの位置でもシャフトが横に寝てしまうとロフト角が変わったり、インパクトでフェースが目標に正しく向きづらくなったりするのです。

バンカーでとくにたいせつなのはフィニッシュです。フィニッシュをどうとるか、そこからスイングに入ると、大きなミスは避けられるものです。ボールを打つことばかりに意識が集中すると、失敗しやすくなるし、進歩もなかなか望めません。

私は最後までしっかり振り抜いていくことを、たいせつにしたいと思います。

バンカーショットを打つ前には、フィニッシュの位置と形をイメージします。途中でなにがあろうと、ともかくそこまで振っていくのです。インパクトからフォローにかけて振り抜くことに集中すれば、自然に右腕が伸びていきます。右手が左手の上にきて、腕のターン（返し）もできます。これだけでバンカーの失敗はほとんどなくなるはずです。

どんなに距離のないバンカーであっても、なんとなく手先だけで打つようなことをしてはいけません。**必ずトップの位置とフィニッシュの位置をショット前にイメージし、手加減をせずに振り抜いてあげることがたいせつです。**

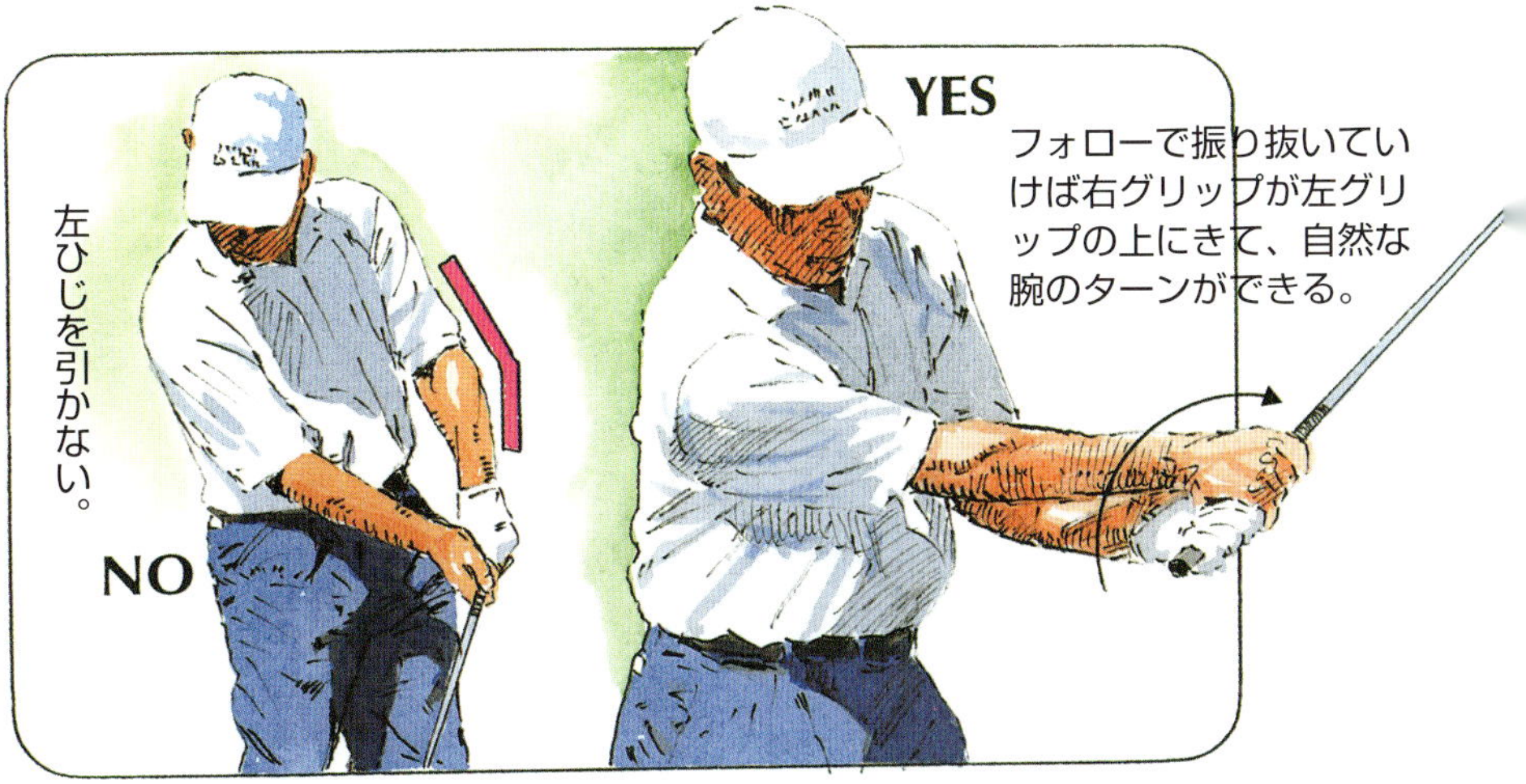
左ひじを引かない。
NO
YES
フォローで振り抜いていけば右グリップが左グリップの上にきて、自然な腕のターンができる。

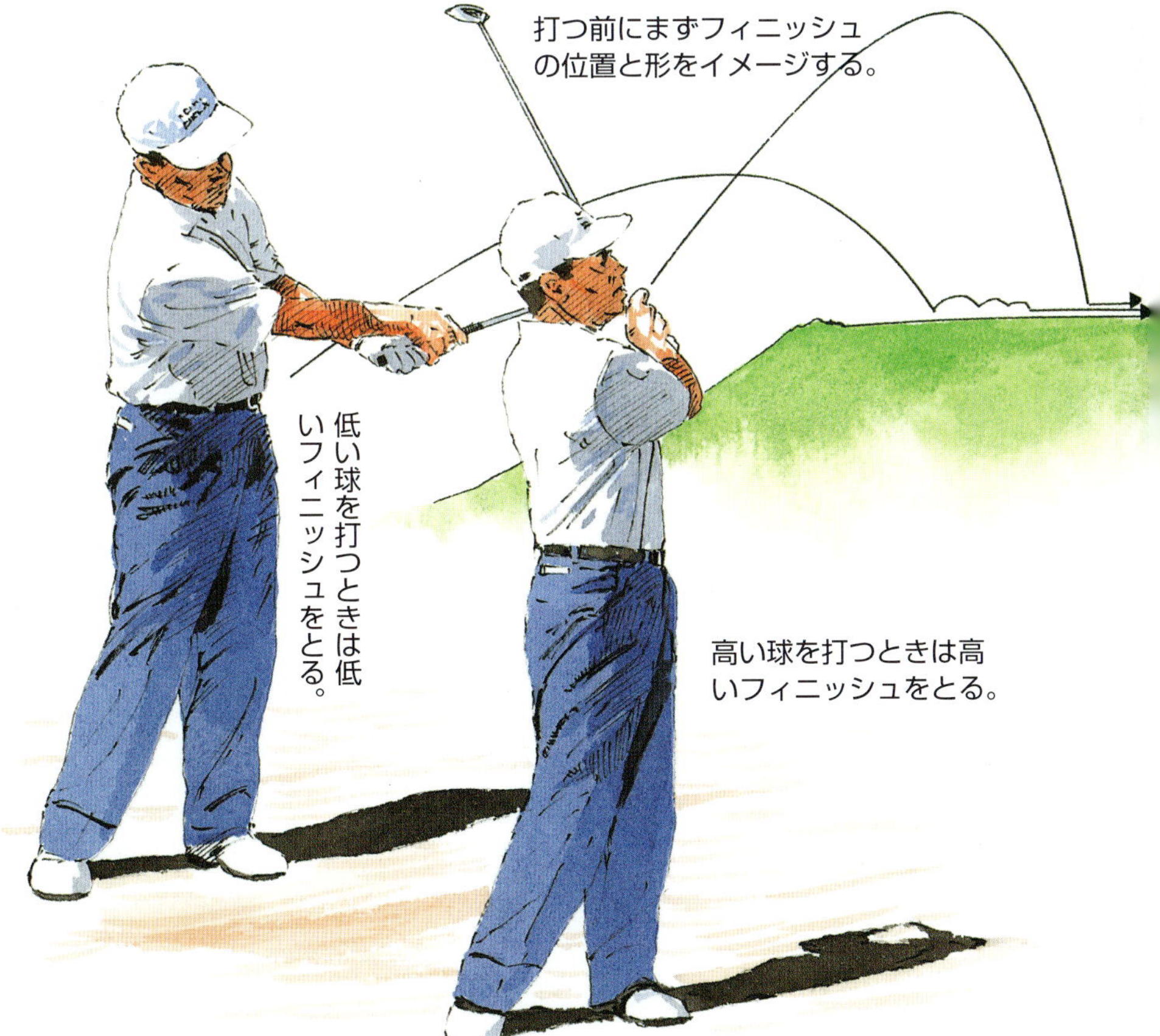
打つ前にまずフィニッシュの位置と形をイメージする。
低い球を打つときは低いフィニッシュをとる。
高い球を打つときは高いフィニッシュをとる。

Explosion shot 8

クラブをどのくらい振っていいのか分からない

飛びすぎる恐怖心を取り除き、砂の下の球を打つ

フェアウェイからと同じように打っていたのでは、砂の抵抗で距離の出ないのがバンカーです。

アプローチのように、距離感だけを合わせてていねいに打とうとするとボールが出ないことがあります。それは、パワーやスピードが足りないからです。**サンドウェッジの重いヘッドを打ち込み、砂を爆発させ削り取って前に弾き飛ばさないと、エクスプロージョンショットにはならないのです。**

バンカーが苦手になるのは、過去のざっくりやホームランの失敗が、気持ちを萎縮させるからです。しかも、ピンに近い位置から距離以上のスイングをしなければならないことに対する不安から、フォームもだんだん小さくなってしまいます。トップを胸の右横ぐらいまで上げてヘッドを打ち込まなければ、十分なエクスプロージョンショットはできません。

サンドウェッジは芝の上でフルショットしても、せいぜい飛んで70〜80ヤードです。それがバンカーの中でしかもスリークォーターからのスイングなのだから、ボールをクリーンに打たない限り、どんなにしっかり打っても25〜30ヤード飛ばすのが限界です。**「思い切り打つ＝飛びすぎるのでは？」という恐怖心をまず自分の意識から取り除くことがたいせつです。**

ボールの手前にバンスを打ち込めばボールは絶対に飛びすぎることはないのです。万が一、真芯に当たったところで70〜80ヤード。エクスプロージョンを意識しているのだから、せいぜい30ヤードが思い切り打ったときの限界でしょう。**ボールの下にもう1個ボールが埋まっていると思って、そのボールを飛ばすつもりで勢いよく振り抜きます。**

飛びすぎる恐怖心を取り除き球の下にもう１個球があると思い、そのボールを飛ばすつもりで勢いよく速く振る。

バンカーでは 9 時の位置以上トップを大きくしなければボールは脱出できない。

スリークォーターのスイングなのだからバンスから砂に入れれば飛びすぎることはない。

サンドウェッジでフェアウェイからフルショットしても70～80ヤード飛ばすのが限界。「飛びすぎる」恐怖心を取り除くことが大切。

腕に力を入れるのではなく、ヘッドスピードを一定に振り抜くことがたいせつ。

エクスプロージョンは砂を爆発させるだけでなく、砂を削り取って前に飛ばすイメージが大切。

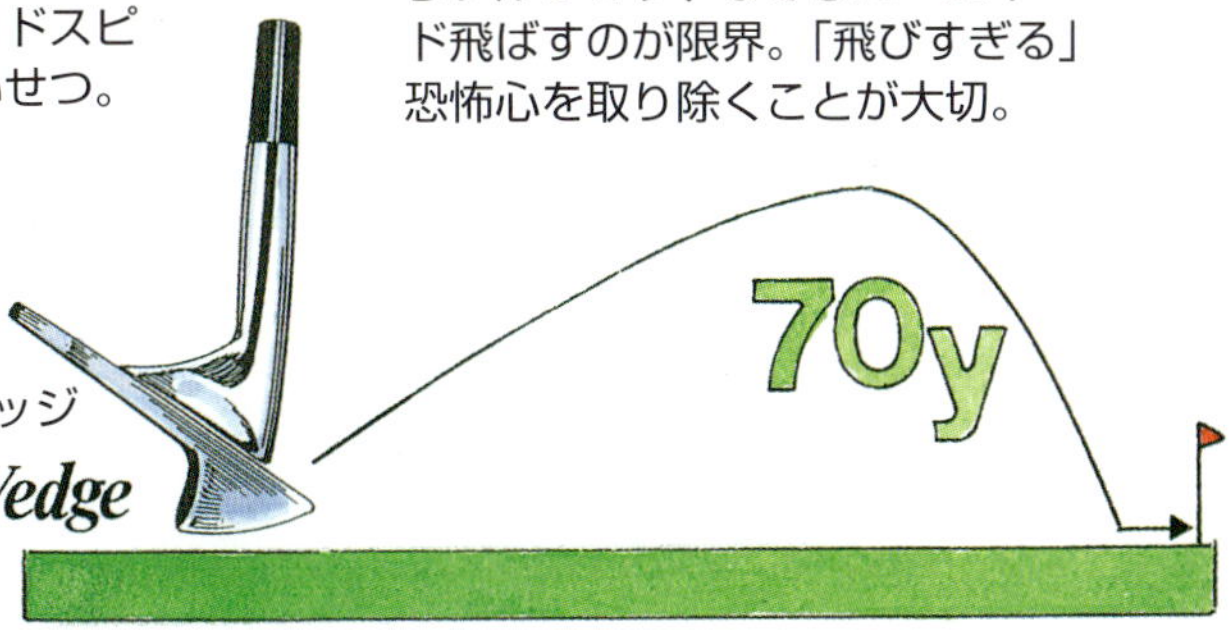

サンドウェッジ
Sand Wedge

Sand wedge 9

バンスから打ち込めばヘッドは深く潜らない

ソールに不思議な機能が盛り込まれている

サンドウェッジの原点は「翼」にある

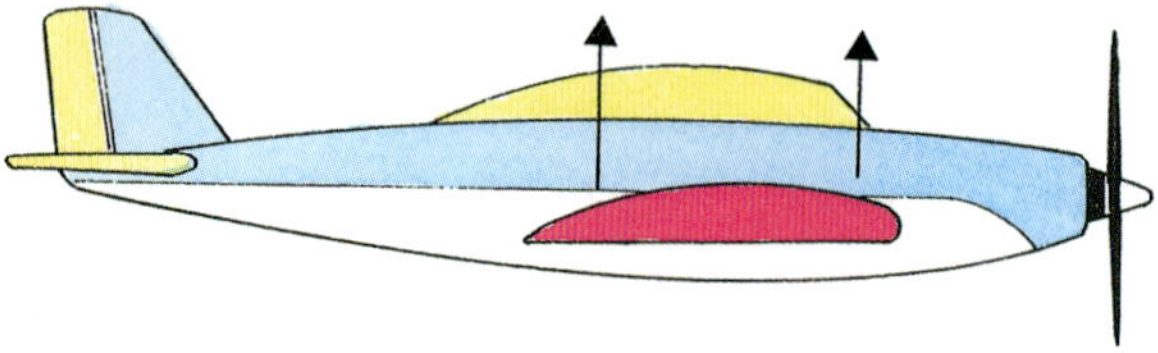

飛行機の翼の断面は上の部分が湾曲しているので空気の流れる道程が長くなり、翼の下側の空気の流れより速くなって翼の揚力が生まれる。この翼の論理を利用したのがサンドウェッジだ。

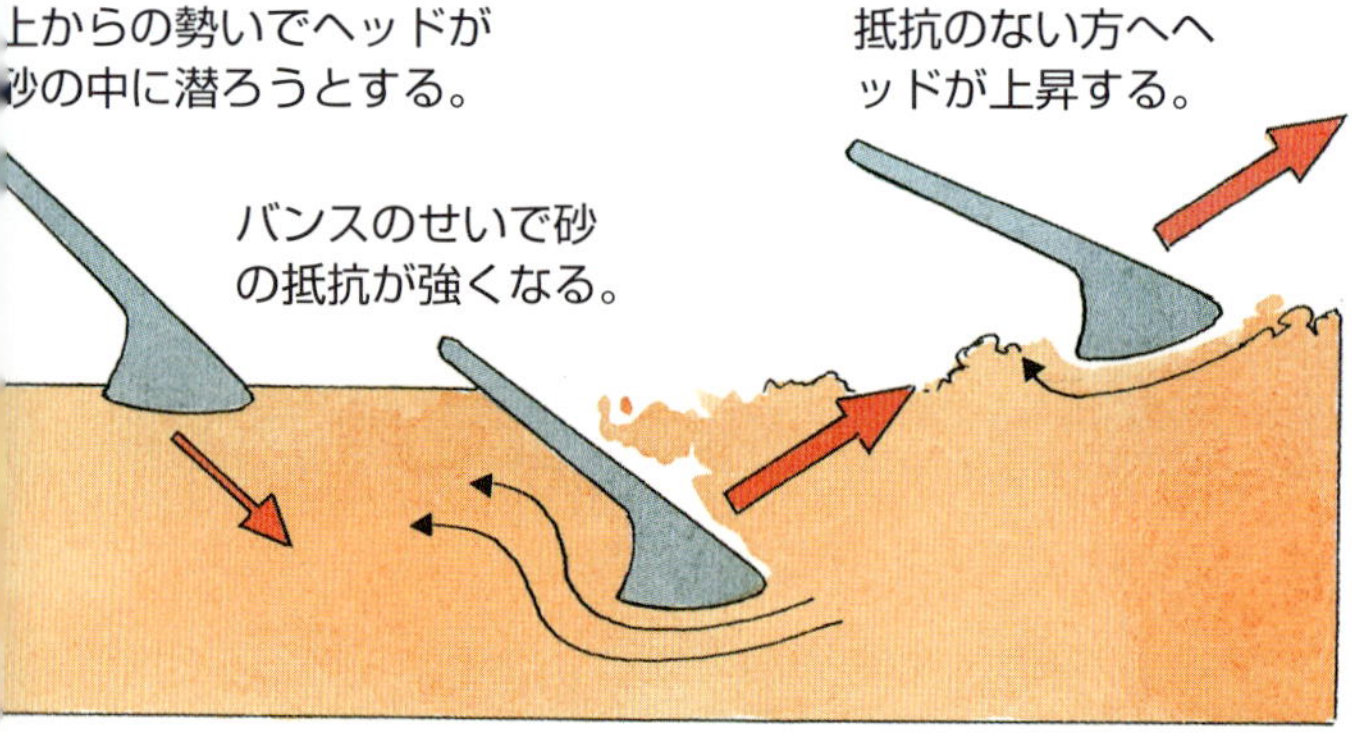

上からの勢いでヘッドが砂の中に潜ろうとする。
バンスのせいで砂の抵抗が強くなる。
抵抗のない方へヘッドが上昇する。

サンドウェッジを発明したのは、グランドスラマーのジーン・サラゼンです。それまでは9番アイアンなどでバンカーショットをしていましたが、リーディング・エッジが砂に潜り込んで、なかなか距離感が合いません。そんな悩みを抱えていたサラゼンが、ヘッドが砂に潜り込まない構造のヒントを飛行機の翼から得たのです。

　サンドウェッジのソール部分を見ればわかるとおり、ほかのアイアンより全体に丸く出っ張っています。さらに、後方へかけても翼のように大きく広がっています。

バンスから打ち込んで砂を爆発させて砂の中を横滑りさせることによりボールを出すのがバンカーのセオリー。

●通常のバンカーショット

通常のバンカーショットはバンスから砂に打ち込み振り抜くのがのが原則。

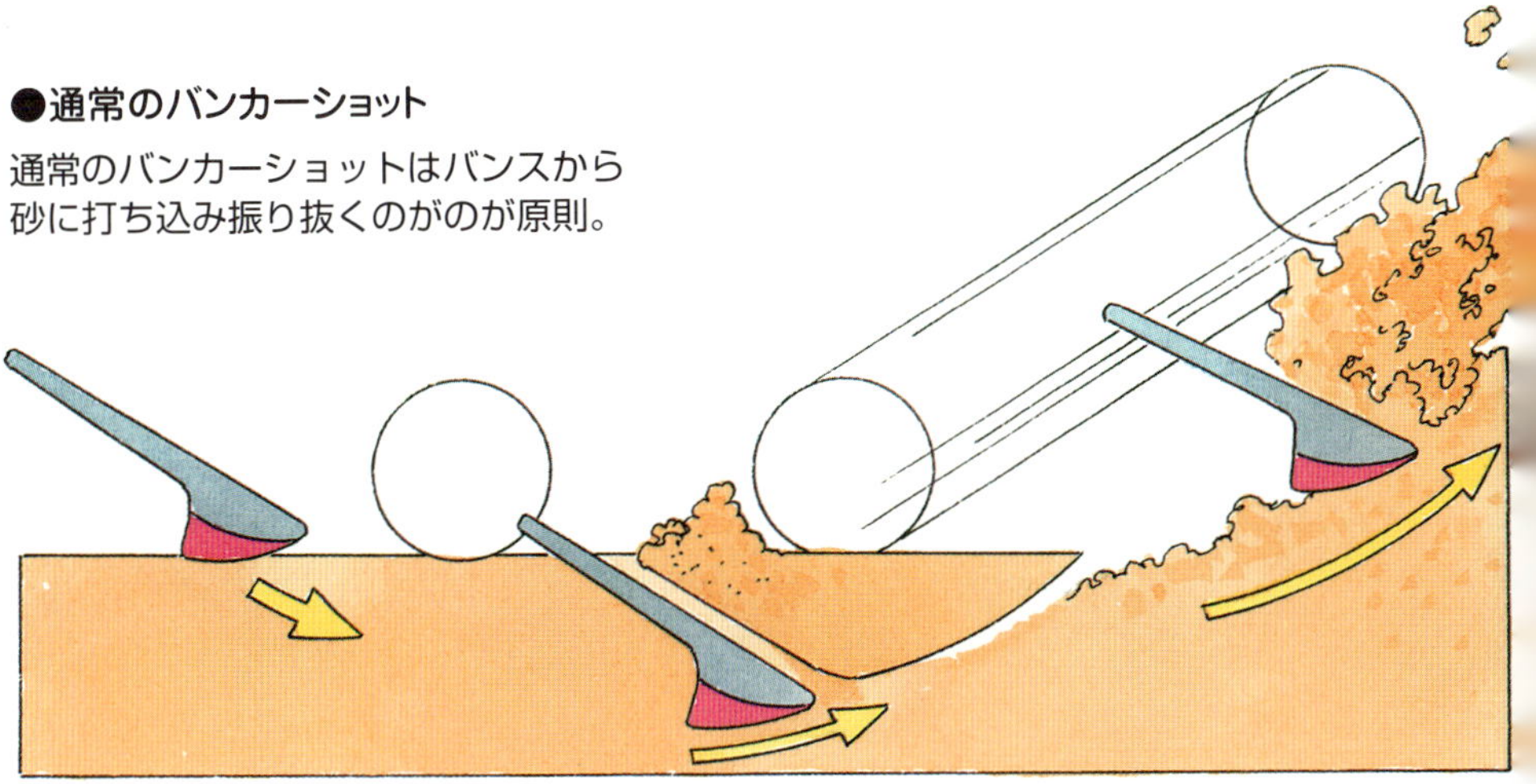

●目玉のバンカーショット

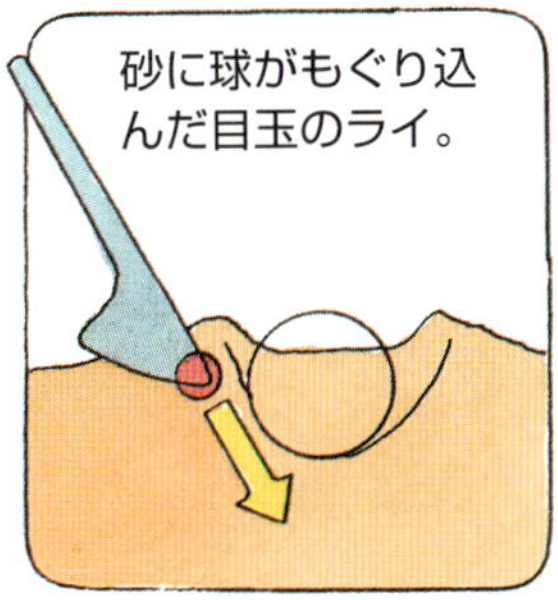
砂に球がもぐり込んだ目玉のライ。

通常のバンカーショットと違い潜り込んだボールの下にヘッドを打ち込まなくてはならないので、「刃」から打ち下ろし深く砂をえぐるようにヘッドを前に押してやることが重要だ。

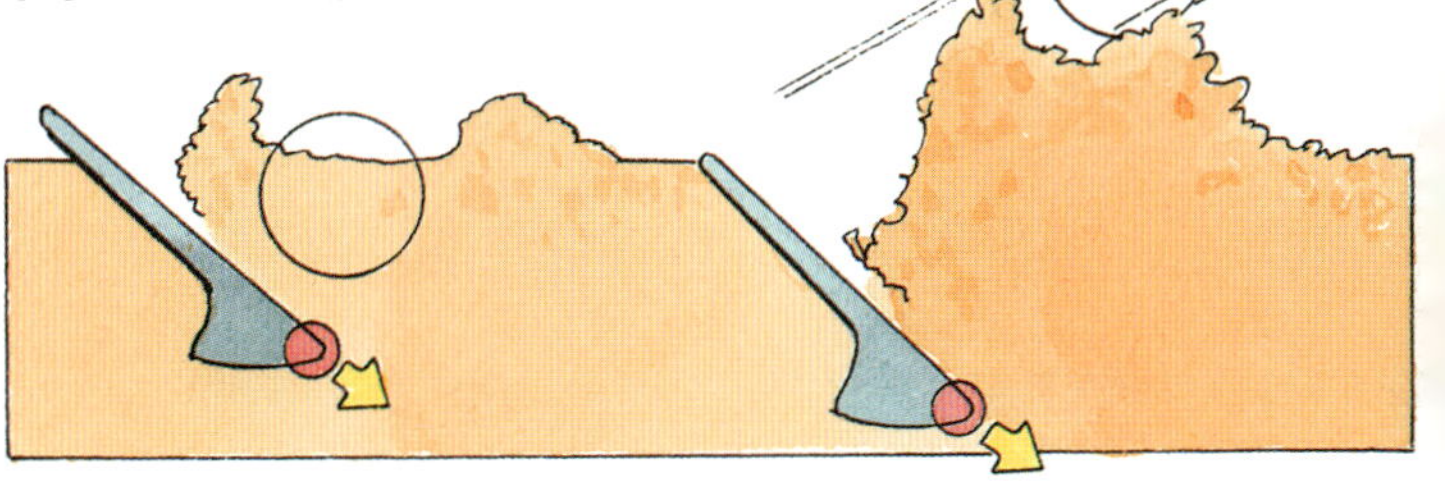

砂に潜り込もうとするヘッドは、ソール部分のこの出っ張り（バンス）によって、砂の中に潜ったままにならずに浮上するしくみになっています。

バンカーショットの基本は、このバンスの性能を利用して打つことにあります。つまり、**通常のバンカーショットは、刃ではなくバンスの出っ張りの部分から砂に着地するように打ち込むのがセオリーなのです。**

ただし、バンカーには目玉といって、ボールが砂に潜ってしまった状態のときがあります。この場合は、ふだんバンカーショットでやってはいけない**「刃」から打ち込まなければなりません。ボールの下部が砂面よりかなり低い位置にあるので、その下にヘッドを打ち込まなければならないからです。**

Distance 10

バンカーからの距離感はどうやって出すか

フェアウェイの距離感の2倍の感覚で打て！

バンカーからはスイングの大きさも２倍になり、フィニッシュもトップと同じ高さまで大きく振り抜く。

●ボールを飛ばさない工夫
・フェースを開いて打つ。
・クラブを短く持って打つ。

●ボールを飛ばす工夫
・ボールを中に入れる。
・使用クラブを変える。

バンカーでの距離感はフェアウェイでの距離感の２分の１を目安にしてスイングの大きさを決めていく。

バンカーからの距離を打ち分けたい――この要請に答えるのには、難しい問題があります。どこまで振ったからどれくらい飛ぶといった数字的な根拠があげにくく、感覚的な部分が強いからです。

一般的には振り抜く強さを一定にしてトップの大きさで距離感を出していきますが、バンカーでの経験を積んでいくことによって自分なりの距離感をつかんでいくしかないのです。

私の場合は、フェアウェイからのアプローチのときの感覚を、応用しています。**砂の抵抗がない素**

フェアウェイでの50ヤードのスイングはバンカーでは半分の25ヤード。その距離感を目安とする。

直な芝の上の状況での距離感を基準にして、その半分の距離がエクスプロージョンで得られる距離であると見なしています。

　砂の抵抗力でインパクトの力も飛距離も、半減するわけです。

　また、ピンの位置がバンカーに近い場合は、フェースを少し開いて構えます。トップを大きくしてもボールが高く上がるだけ、飛ぶ距離は少なくなります。アプローチのところでも述べたように、クラブを少し短く持つのも距離を出さない方法です。

　反対にピンがバンカーから遠い場所にあるときは、ボールの位置を少し右に寄せます。通常のショートアイアンのショットのときと同じように、ボールと両足の真ん中に置きます。ボールは高く上がらず、ランが多くなります。

Faraway bunker

11

サンドのエクスプロージョンで届かないときは

スイングは変えないで使用クラブを変える

同じバンカーでも、遠いバンカーから距離を合わせるのが、いちばん難しい状況といえます。エクスプロージョンではとても届かない距離、だいたい30〜40ヤード以上離れたバンカーです。

そこからは、2つの打ち方があります。

まず、**サンドウエッジなどを使って、直接クリーンに打つ方法です。**フェアウェイからのアプローチと同じ感覚で、ボールを直接とらえる打ち方をします。力加減もフェアウェイと一緒にして、距離を合わせます。

このショットは少しでも砂を噛むと、大きくショートさせてしまうところが欠点です。ボールを少し右に寄せて、ダフらせない工夫が必要です。

もう一つの方法は、**クラブを変えてダフらせて打つ方法です。グリーンまでの距離に合わせてクラブを変えます。ピッチングウェッジ、9番、8番あたりまでを使い分けるのです。ピッチングなら30〜40ヤード、9番で40〜50ヤード、8番が50〜60ヤードの距離が目安となります。通常のスイングの4分の3の大きさで、おおよそこれだけの距離が出ます。**

クラブを変えるだけで、砂の上のボールを直接打つことによる大きなプレッシャーを負わなくても、エクスプロージョンさせる打ち方で、意図した距離が出せるだけに安心して打てます。

もしバンカーの練習できる設備があったら、クラブを変えて距離を打ち分ける方法を試してみることです。サンドウエッジよりも、はるかに楽に遠い距離が打てるのには驚くはずです。**バンカーショットは、なにもサンドウェッジだけとは限らないのです。**

距離のあるバンカーは状況によりサンドを他のクラブに変えるか、ランニングやピッチ＆ランなどで攻める。

30ヤード以上もあるバンカーでは使用クラブを変えてエクスプロージョンショットをする。

打ち方はまったく変えない。

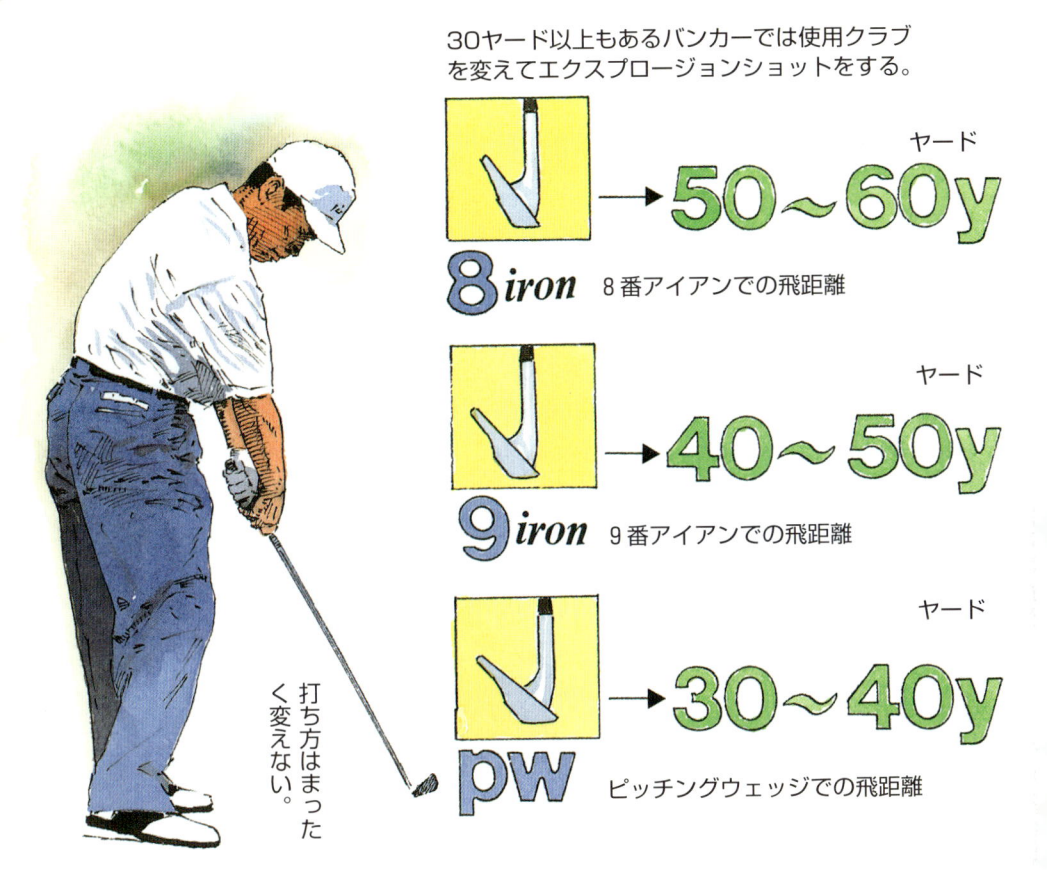

→ 50～60y ヤード

8 iron 8番アイアンでの飛距離

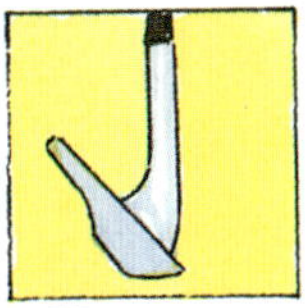

→ 40～50y ヤード

9 iron 9番アイアンでの飛距離

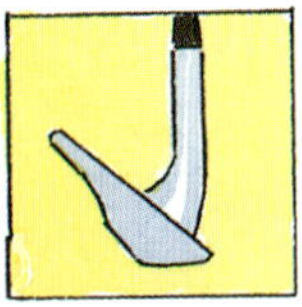

→ 30～40y ヤード

pw ピッチングウェッジでの飛距離

●距離のあるバンカーからの打ち方

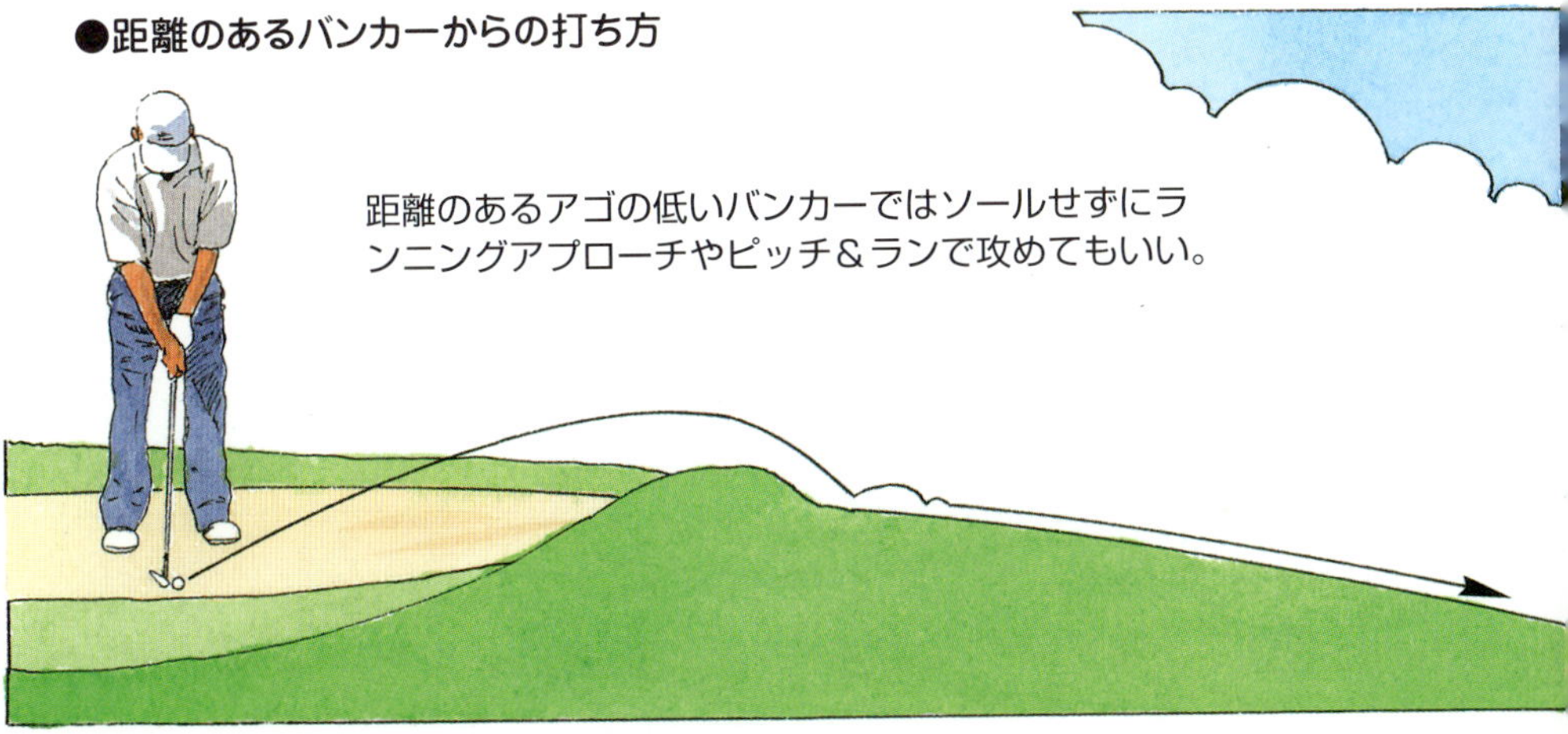

距離のあるアゴの低いバンカーではソールせずにランニングアプローチやピッチ＆ランで攻めてもいい。

Putter

1

パターはその形状によって性能が異なるのか

球の転がりや方向性はタイプで違ってくる

パターの形状は、シャフトとヘッドのつなぎ方などによって大きく4つに分けることができます。

①**T字型**
②**L字型**
③**マレット型（D字型）**
④**ピン型**

T字型はシャフトがヘッドの真ん中についており、方向性のいいのが特性です。登場した当初は、あまりにもよく入ったのでキャッシュ・インの異名をとりました。

L字型はシャフトがヒール側についたタイプです。フェース面が変わりやすいので、鋭敏なタッチが必要とされます。特性としては、他の大きなクラブと造りが似ているので、持ったときに同じ感覚で扱えるという点です。

3つ目の**マレット型**は、ヘッドの後方に楕円型のふくらみを持たせてあります。ヘッド全体の質量があるので、転がりが良くなります。遅いタッチのグリーンなどには有効なパターです。

4つ目にトウ・ヒール理論から派生した、**ピン型**があります。トウ部とヒール部に肉圧をつけ、ウェートを分散させることによって芯を広げて、打ち損ないを少なくする機能を持っている、やさしいパターといえます。

パターを選ぶときには、まず最初に手にしたときの印象をたいせつにします。「これは入りそう!!」という感じがしたら、それが信頼になって結果にもつながります。必ず入るパターなどは存在しないのですから、いくら機能的に優れていて高額なパターでも、見た目や第一印象で気に入らないパターは選ばないことです。**目標にまっすぐ構えることができて、まっすぐ打ち出せるイメージがわいてくるパターを選びます。**

パターには4つのタイプがあり、それぞれ特徴があるので、第一印象がよくて、まっすぐ構えやすいものを選ぶ。

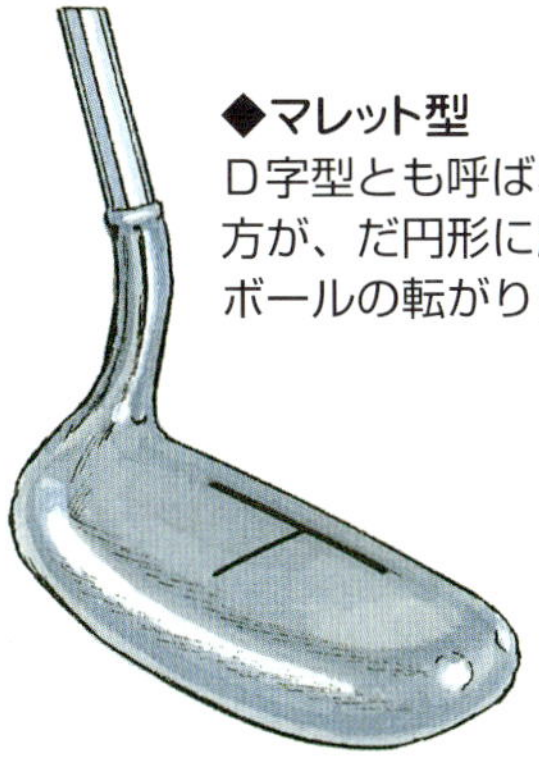

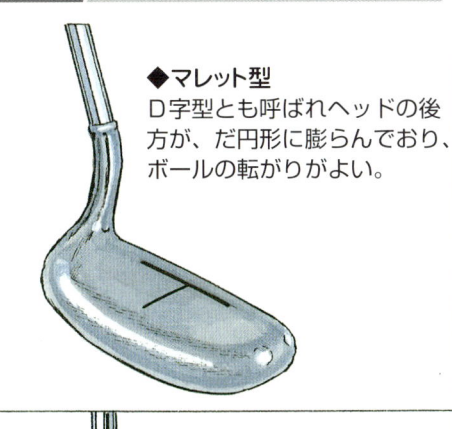

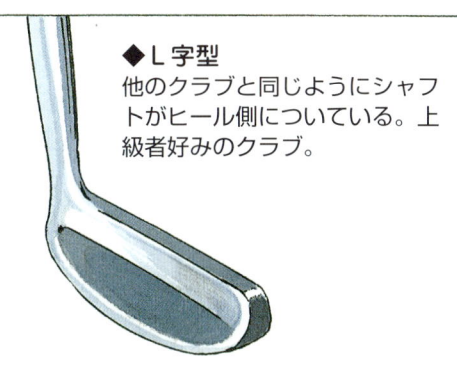

◆マレット型
D字型とも呼ばれヘッドの後方が、だ円形に膨らんでおり、ボールの転がりがよい。

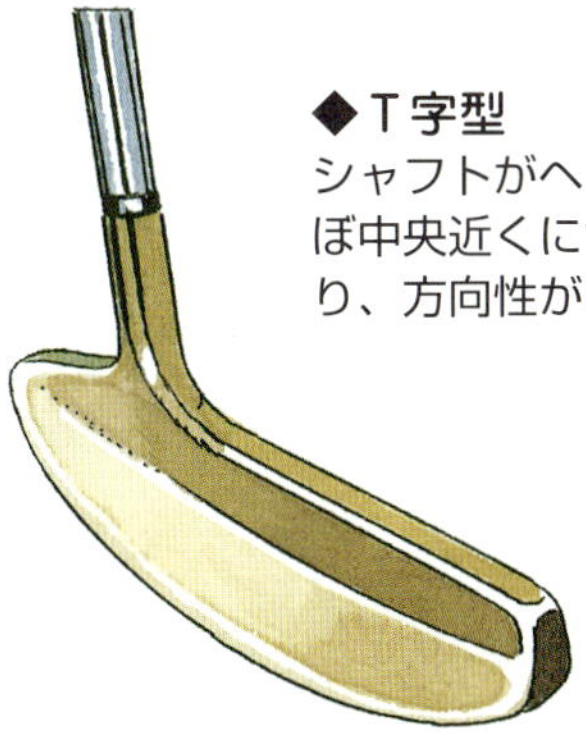

◆T字型
シャフトがヘッドのほぼ中央近くについており、方向性がいい。

◆ピン型
ウェートをトウとヒール側に分散してスイートスポットを広げたやさしいパター。

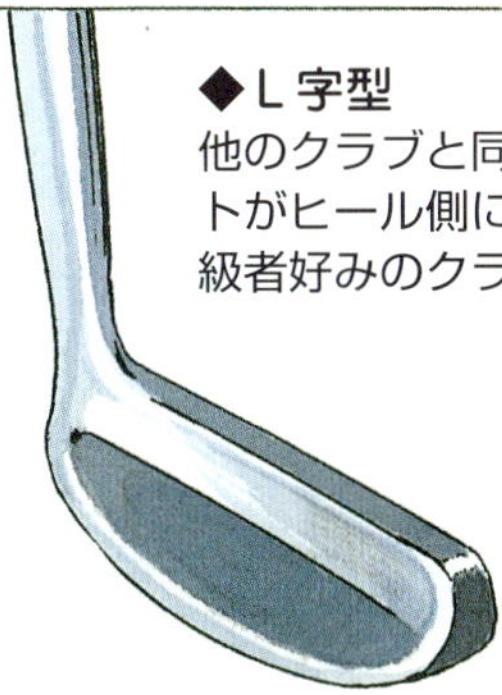

◆L字型
他のクラブと同じようにシャフトがヒール側についている。上級者好みのクラブ。

●パター選びのポイント

・最初に握った第１印象を大切にする。「これは入る！」という感触があれば、それが信頼感となり自信にもつながる。

・必ず入るパターが存在するわけがない。いくら機能的にすぐれているパターでも、見た目で気に入らない打ちづらそうなパターは使うべきではない。

・パターを握ってボールにヘッドをソールするとき、目標に対してサッとまっすぐ構えることができ、まっすぐ打ち出しやすいという感触を得たパターを選ぶ。

Expectation of line 2

ラインはどのように読めばわかるのか

グリーン全体の傾斜、上と下、真横から見る

パットにはラインがあります。このラインをいかに読むかが大切です。打ち方は完璧だったのに、ラインを読み違えてしまっては、スコアアップは望めません。どこに着目すればラインが読めるようになるのかを考えていきましょう。

グリーンは広大な自然の中に造られているので、必ず地形の影響を受けています。**まず、周囲を見回してもっとも高い場所を見つけます。**必ず、高い場所から低い場所に水は流れます。近くに高い山があれば、そちら側が高く、反対側が低くなるとほぼ断定することができます。

次に、グリーンに乗る前に、**遠くからグリーン全体の傾斜を観察しておきます。離れたところから見れば、全体のうねりや傾きが把握できるものです。**

グリーンに乗ったら、再度、どこが一番高いのかを探して、外からでは気づかなかった**小さなマウンド**がないかチェックします。

いよいよ、自分のボールからカップまでのラインを読みますが、**ボールの位置に向かう前に、ラインの反対側や横の位置からおおよその傾斜を観察しておきます。**その後、**自分のボールの後ろから傾斜を見て、今まで見てきた情報と一致すれば、それがあなたが弾き出した「ラインの読み」です。**

細かいアンジュレーションや芝目もラインを決定する要素のひとつではありますが、曲がり具合を決定する最大の要素は「**傾斜**」です。もしもラインがよくわからないときは、水まき用のホースを使って地面に水を流すシーンを思い浮かべてください。水はどちらの方向へと流れて行くでしょうか？**水の流れの方向こそが、ラインの曲がりなのです。**

パッティングの第１歩はラインを読むこと。カップの上やボール後方、真横の３ヵ所からしっかり観察する。

プレーの進行に注意して短時間でラインを読み決断するのがパッティングの楽しみでもある。

◆グリーンのラインを読む順序

・コース全体を見回し、もっとも高い場所を見つける。

▼

・グリーン全体の大きな傾斜を把握する。

▼

・ボールの位置に向かうまでに、真横から傾斜を見る。

▼

・カップ側から傾斜を見る。
・ボールの後方から傾斜を見る。

◆ラインを読むイメージ

カップに向かってホースで水をまき、水の流れる方向にグリーンは下っている。

Address 3

リラックスして振ることができる構えとは

前傾姿勢は「会釈」と同じ角度の30度でいい！

パッティングには、決まったスタイルがないといわれています。どんな構えをとろうが、結局は入ればいいのですから、その人の持って生まれた感性を効果的に、しかも最大限に発揮できる姿勢が、もっとも正しいということになるわけです。自由に構えていいのですが、その前にやはり知っておくべき基本はあります。

そのひとつが**前傾角度**です。上体をどれくらい前に傾けて構えるかですが、**私の場合「会釈」と同じ30度をめやすにしています。**

これ以上に体を前に深く屈めると、前傾が強いため、わきが甘くなり腕や手首に頼るので、手首をコネる打ち方になって、方向を狂わせる場合があることです。また、目線が低くなるので、距離感がつかみにくくなります。

反対に、前傾角度を浅くし体を起こして立つと、背骨が1本の軸となり肩と腕を一体化させて動かしやすく、わきの閉まった姿勢になります。高い位置から見渡せ肩でストロークできるので、全体に距離感がよくなりますが、腕の振りが制限されストロークがインからインに抜けやすく、方向性にやや難があるのです。

こうして、それぞれの長所、短所を知ったうえで、左のイラストをよく見てください。他のショットのアドレスとは違って、**ゆるやかに背中を丸めて構えています。胸の前にゆとりをつくってあげることで、腕を振る空間が生まれるのです。こうすれば、両肩と両ひじとグリップでつくる五角形をキープしながらストロークするときにも、肩のタテ回転がスムーズになります。さらにアゴを無理に締めずに高い位置に置くことで、距離感が出しやすくなるのです。**

前傾角度は30度にして、胸の前にゆとりをつくり頭の位置を高くしてストロークの距離感を出すようにしたい。

前傾角度は「会釈」
と同じ30度が目安。

背中は反りすぎても腕が振りづらくなるので、垂らした腕がリラックスできるところまで、緩く丸みを持たせる。

体重は足の中央の土踏
まずのあたりに乗せる。

アゴは締めすぎない。

振り子のようなストロークをするためには両肩でパターをつり上げる要領で構える。絶対に上から押さえつけない。

肩と腕でつくる形はショットのアドレスのように三角形ではなく、五角形の野球のホームベースを抱くイメージを持つ。

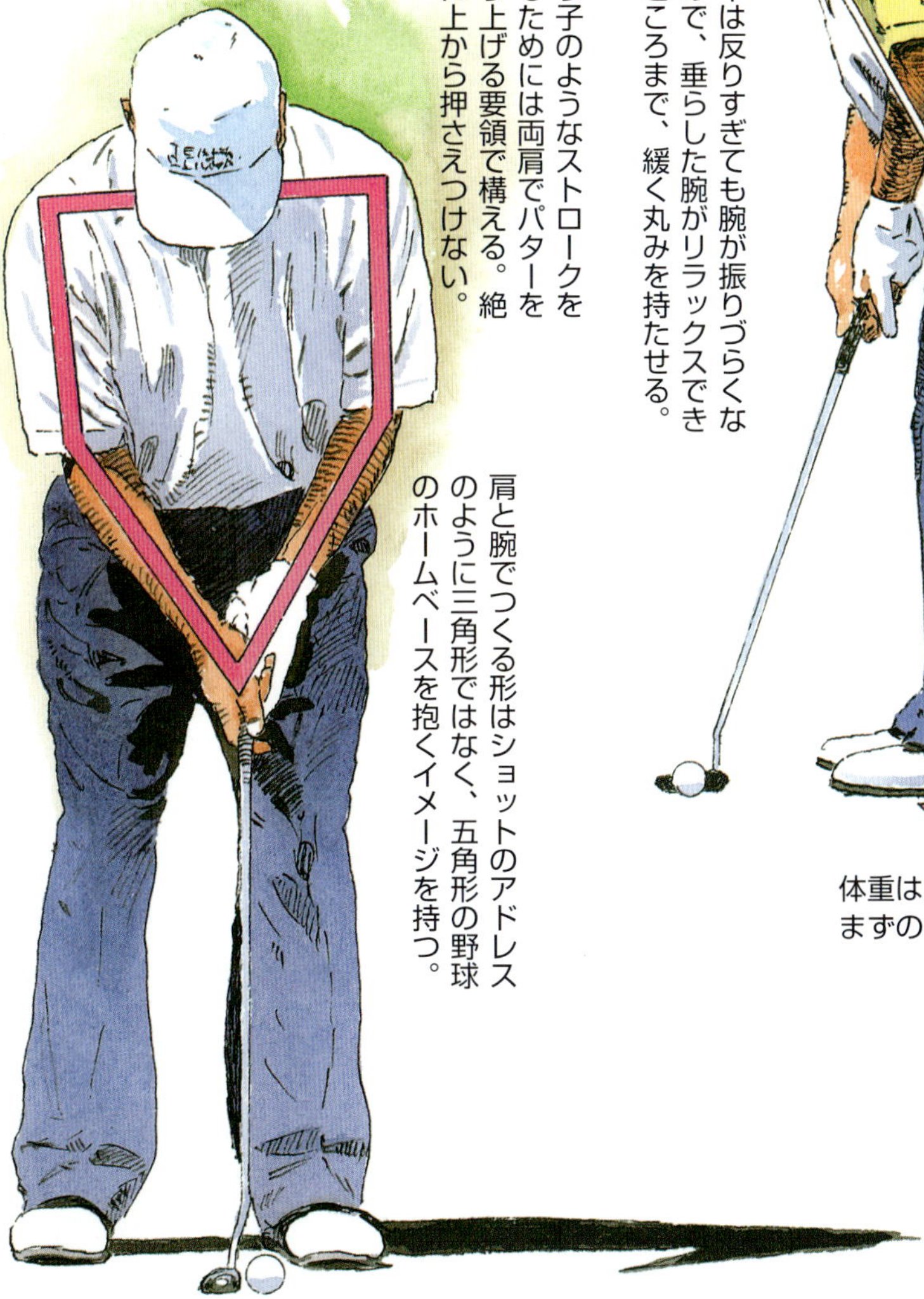

ボールは左目の真下から左寄りに置き、目標線のやや内側に両目がくるように立つ。両目をラインに沿って平行に使えるから、ラインも見やすい。

Ball position 4

ボールをどの位置に置けばいいか

左足かかと内側線上で左目より先に出す

パットをする際、ボールをどこに置くのがよいのでしょうか。両足の位置を基準に決めるよりも、**目とボールとの関係を優先させるほうが、パッティングのストロークは安定します。**

パットの場合にも必ず目標線を想定しますが、その**ライン上にあるボールに対して、目は真上か、もしくは少し内側にくるように構えます。**これは自然な前傾姿勢をとったときにくる位置で、両目を平行に使えるのです。

目が内側すぎてはボールが遠くなり、手を前に伸ばさないと正確

ボールは左足かかと内側線上で左目の真下より前に出た位置に置けばラインがよく見え振り抜きもよくなる。

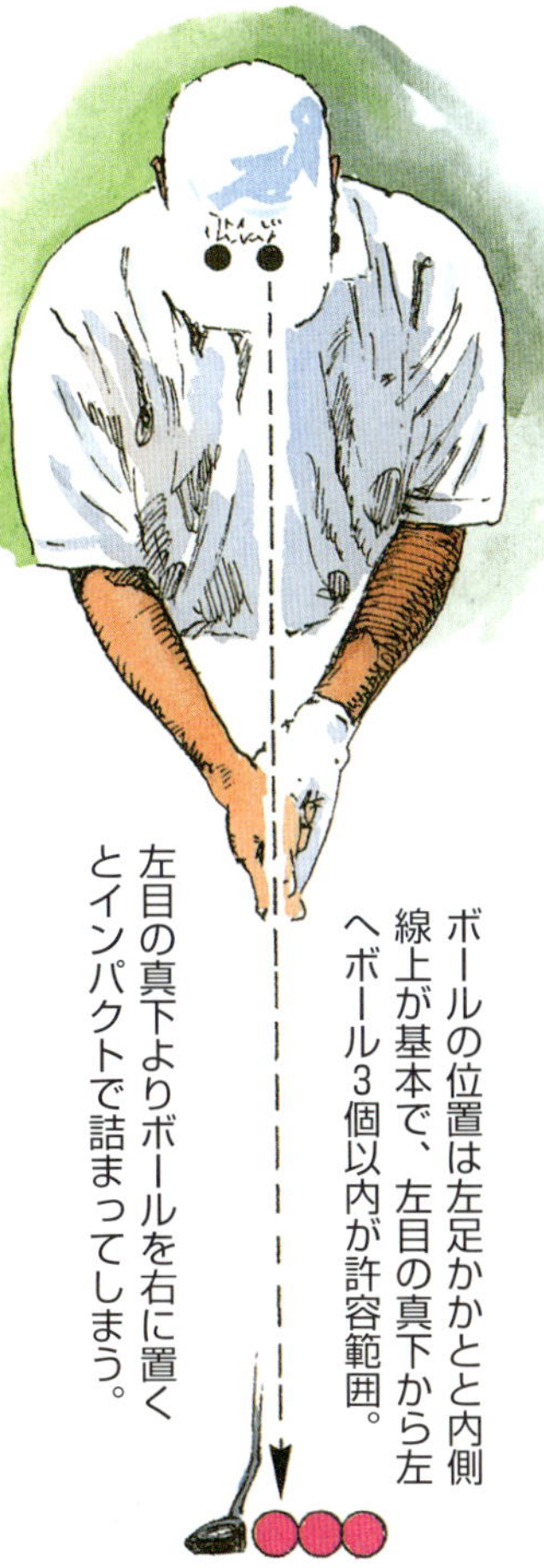
ボールの位置は左足かかとと内側線上が基本で、左目の真下から左へボール3個以内が許容範囲。
左目の真下よりボールを右に置くとインパクトで詰まってしまう。

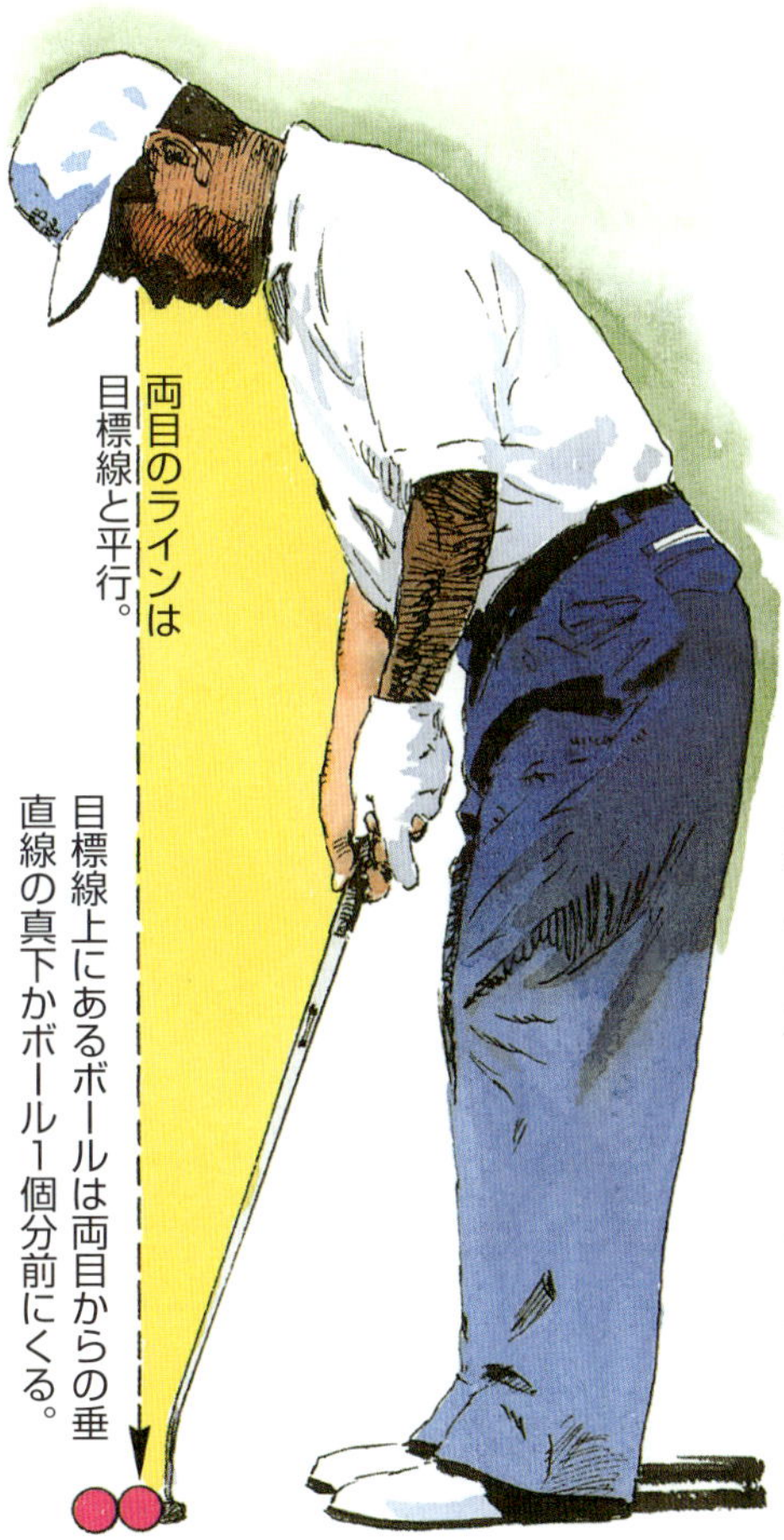
両目のラインは目標線と平行。
目標線上にあるボールは両目からの垂直線の真下かボール1個分前にくる。

なストロークができませんし、逆に外側に目を持ってくると、前傾がきつすぎて、テークバックで外にヘッドが上がっていくために、カット打ちになります。

　次はボールを置く位置です。**基本的には左足かかとの内側延長線上で、左目の真下よりボール1～2個分前（左）に出た位置です。スタンスを肩幅と同じにとったとして、左目の真下からボール3個以内が許容範囲と考えていいでしょう。**この中なら両目を目標線と平行に使え、ラインも見やすく、ストロークの振り抜きもスムーズに行えるからです。

　反対に、ボールが左目の真下より後ろ（右）にくるのはよくありません。ラインも見づらくなり、インパクトで詰まる軌道になるからです。

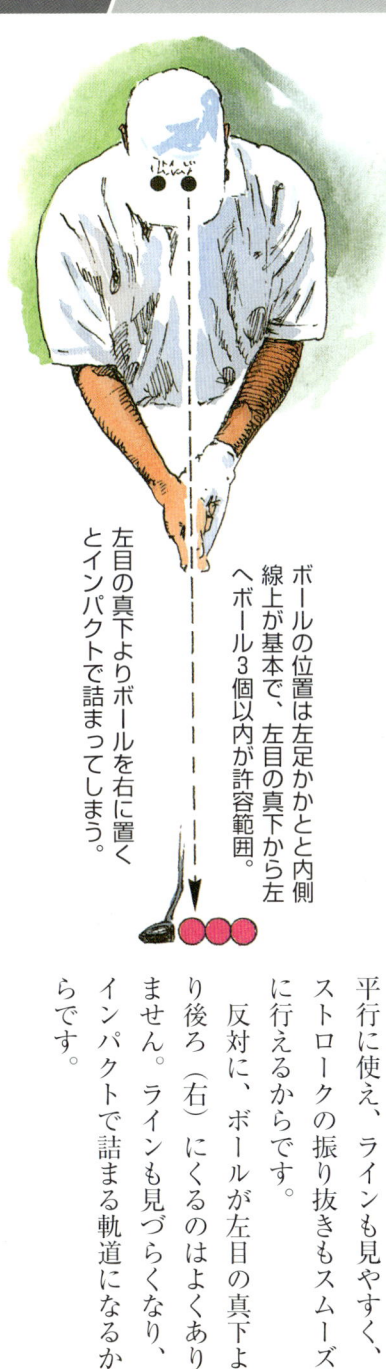

Grip

5

もっともフィーリングのいい打ち方とは

手首の角度を変えずに右手1本でストローク

▲握り加減が強い状態でボールをヒットしようとすると、手首が折れてヘッドが浮き上がり距離感と方向性が悪くなる。

▲グリップの形にこだわる前に今の握りの力加減を半分に下げてみることだ。スムーズにストロークできるようになる。

利き腕の右手の指のデリケートな感覚を最大限に引き出せる逆オーバーラッピンググリップがおすすめだ。

パットはデリケートなだけに、握り方は自分のフィーリングがいちばん伝わるグリップを選択すべきです。

右手の小指をグリップから外す「オーバーラッピング」、反対に左手の人さし指を外す「逆オーバーラッピング」、そのほか左右の握りを逆転させ右手の動きに制約を加える「クロスハンド」、すべての指で握る「ベースボール」とたくさんのグリップの型があります。このなかで、私がおすすめするのが**「逆オーバーラッピング」**式です。

一般的に右手を利き手にしてい

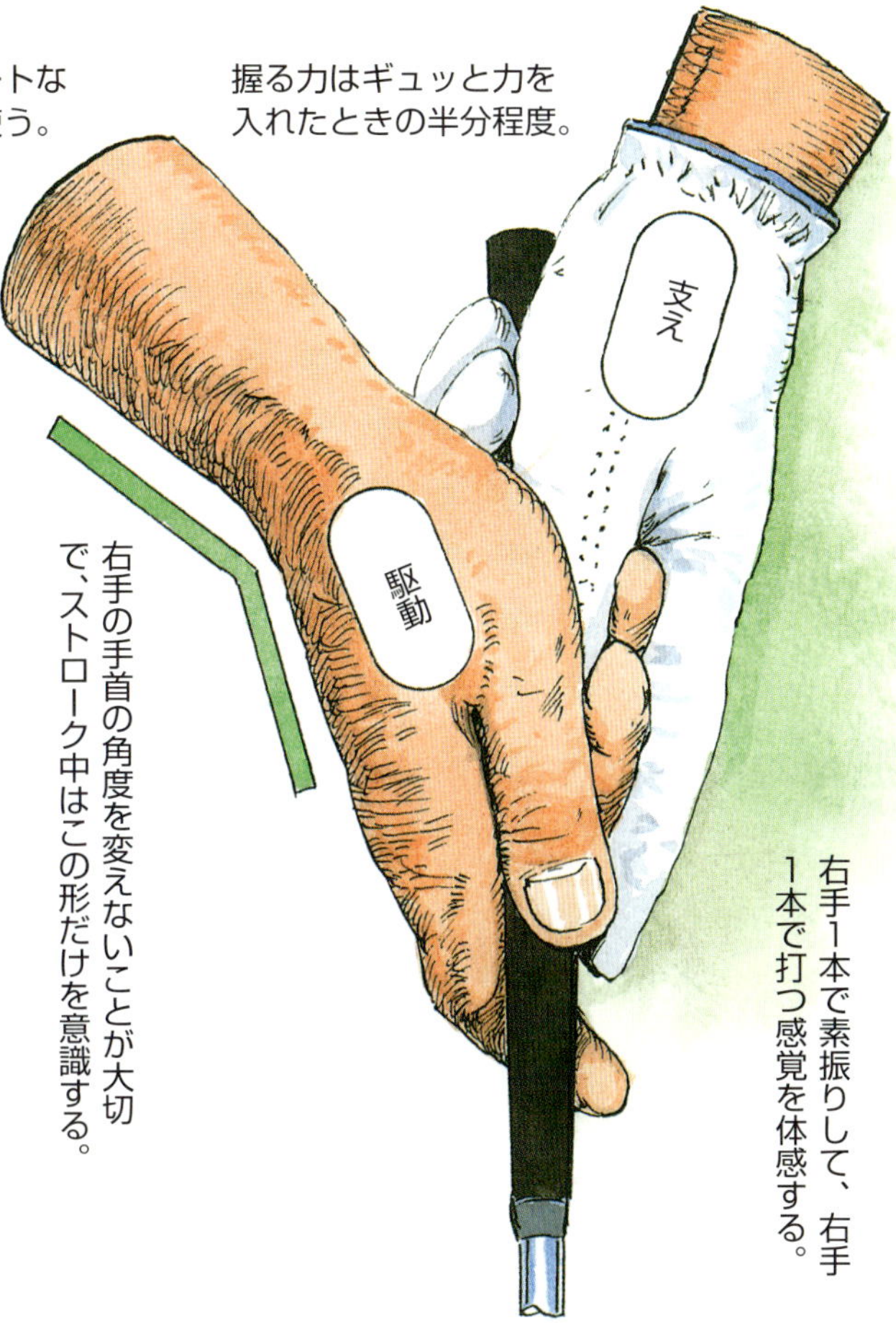
利き手のデリケートな
感覚を最大限に使う。
握る力はギュッと力を
入れたときの半分程度。
右手がフルに使える逆オーバ
ーラッピンググリップがよい。
支え
駆動
右手の手首の角度を変えないことが大切
で、ストローク中はこの形だけを意識する。
右手1本で素振りして、右手
1本で打つ感覚を体感する。

る人が多いので、右手の指をすべて使うことにより、**利き手のデリケートな感覚を最大限引き出せる**この握り方がおすすめなのです。

ガチガチになるほど強く握っては、頭の中で描いたイメージが利き手に伝わらないので、**グリップはゆるく握ります**。**とくに、主役の役割を果たす右手には、力を入れすぎないようにします。右手は「駆動」**の役割を、左手はそれをサポートする「**支え**」の役割と考えましょう。

やわらかく握ることができたら、次はストロークのイメージです。感覚としては**右手一本で振る感覚を持ちます。右手の手首の角度をストローク中に変えないことが大切です**。「パットに型なし」といわれるなかで、唯一意識したいのがこの「**右手首の形**」です。

How to shot 6

まっすぐストロークするには

左右対称の振り子で肩をタテ回転させる

練習グリーンでは倒したピンに沿って、まっすぐストロークできているかチェック。

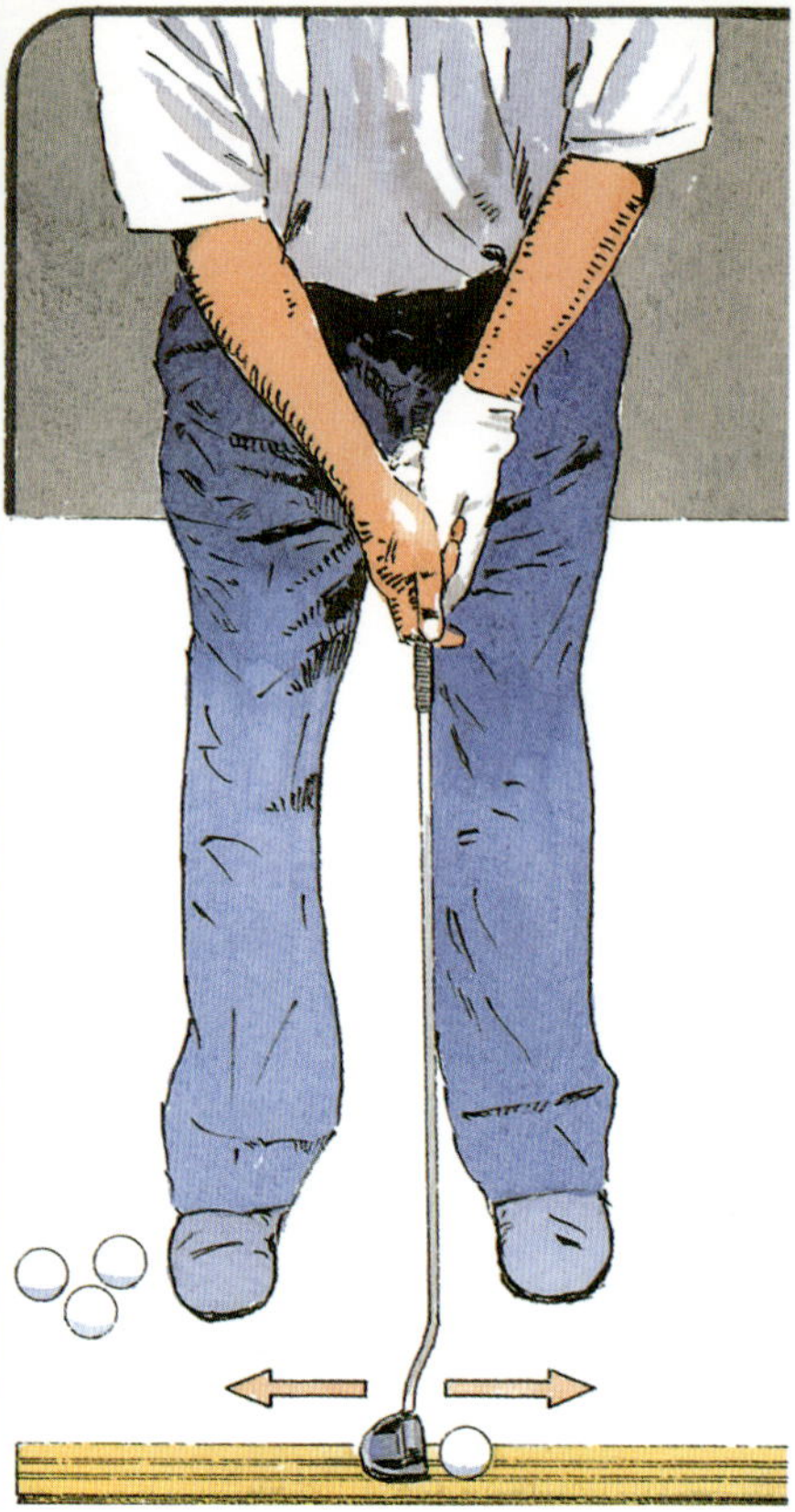

まっすぐのモノを置いて、それに沿ってストロークの練習をする。左右の振り幅は一緒。

引っかけたり、押し出したりするのは、ヘッドが正しく動いていないから起こるミスです。ショットに比べれば、ほんのわずかなスイング幅なのに、結果的に大きなミスになるのがパッティングです。

私は背骨を軸として、両肩、両ひじ、グリップで結ぶ五角形をキープし、肩のタテ回転でストロークしています。なるべく手首を使わない打ち方を、心がけているわけです。

つまり、**振り子スイング**をしているわけですが、意外にもストローク中に**肩は上下に動きます**。テ

手首を使わずに首のつけ根を軸にして振り子式に肩をタテ回転させ、ストロークをまっすぐ出すようにする。

振り子スイングではテークバックでわずかに左肩が下がって右肩が上がり、逆にフォローで右肩が下がって左肩が上がるのが正しい。後頭部の首のつけ根を軸にして両肩がタテ回転しているからである。
両肩と両腕でできた五角形を崩さずに後頭部の首のつけ根を軸にして左右対称に振るのが振り子式スイング。
ヘッドが右足の前から左足の前へ動く間は目標線上をまっすぐ走るようにする。

ークバックでは左肩がわずかに下がり、右肩が上がります。フォロースルーでは反対に右肩がわずかに下がり、左肩が上がります。これが正しい振り子スイングの両肩の動きです。**テークバックとフォロースルーを同じ大きさにして、後頭部の首のつけ根を軸に両肩がタテ回転している**のです。

自分では細心の注意を払って、まっすぐヘッドを振っているつもりなのに、微妙に狂っているときは、直線の目安になるものをグリーン上に置き、それに沿ってヘッドを動かす練習をしています。少なくともヘッドが両足の前を通過するときには、ヘッドがライン上をまっすぐ動いているかどうかのチェックも、怠りなく実行しています。ラインを出すにはまっすぐのストロークが欠かせません。

Three distance

7

正しい距離感をいかにして身につけるか

3つのトップの位置から距離感をつくっていく

細かい距離感を多くの練習からつかむのがベストですが、時間の限られた方には、それだけ練習して体得するだけの余裕はないものと思います。

最低限の距離感をつくるには、まず3つの距離を打ち分けることを覚えます。しかし、ストロークの大きさで単純に5m、10m、15mと打ち分けることはできません。

というのは、ショットと違ってボールは空中を飛ぶわけではなく、芝の上を転がる際の抵抗が加わるからです。そのために倍の大きさのストロークをしたから、距離も倍だけ転がるとはいえません。

私の基準でいうと、右足前までのストローク、ヘッドを**20cm**後ろに引いたときで平均的に5m転がるとしたら、次に倍の**40cm**後ろに引いたとき、単純に10mとはいかないのです。このときは9・5mくらいの距離になります。

さらに、**60cm**後ろに引いたときでも、転がる距離は14m程度です。

摩擦抵抗があるので、単純な掛け算にはならず、そこに距離感の作り方の難しさがあります。

この結果を踏まえて**トップの位置を3つ持つことによって、逆に距離をつくっていきます。**

右足前まで引けば5m、次の倍の40cmのトップになら9・5m、さらに60cmまで引けば14mというように**自分のストロークの大きさを基準にして、平均的な距離感をつかんでおくのです。**

あとは、グリーン上の傾斜の有無、芝目などを考慮して、基準となるトップの位置から振り幅の増減を行ってストロークします。パターの種類やプレーヤーのタッチやその日の調子によって誤差は出てきますが、距離感を出すうえでの柱になることはたしかです。

トップの位置を大きさ別に3つ持ち、それらのトップで届く距離を覚えて距離感の柱をつくり応用する。

●ストロークの大きさ別に3つの距離感をつかむ

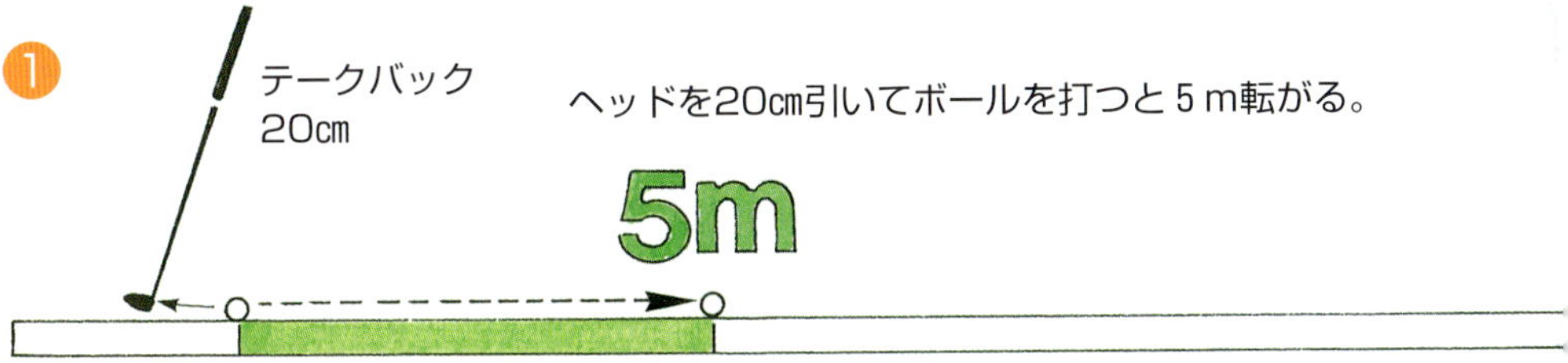

ヘッドを20cm引いてボールを打つと５ｍ転がる。

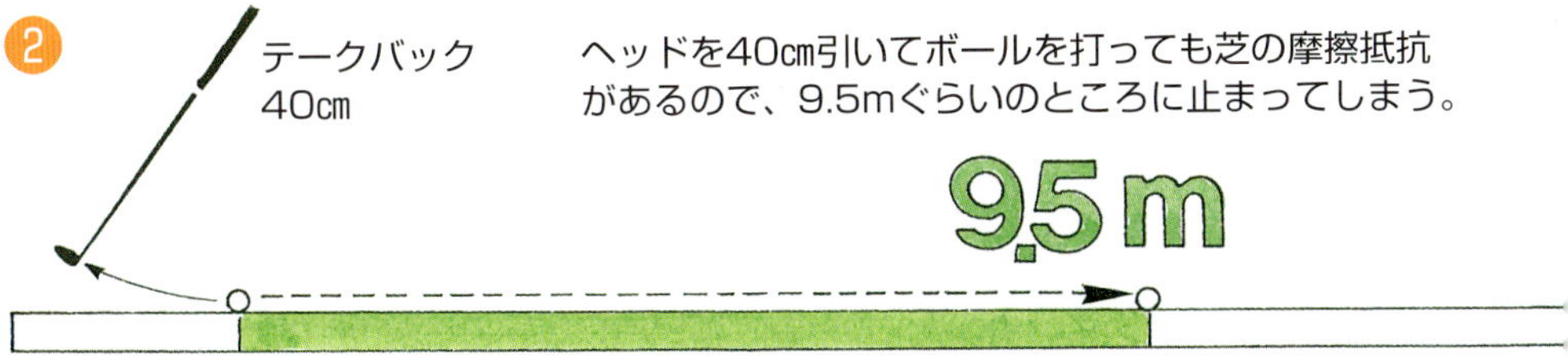

ヘッドを40cm引いてボールを打っても芝の摩擦抵抗があるので、9.5mぐらいのところに止まってしまう。

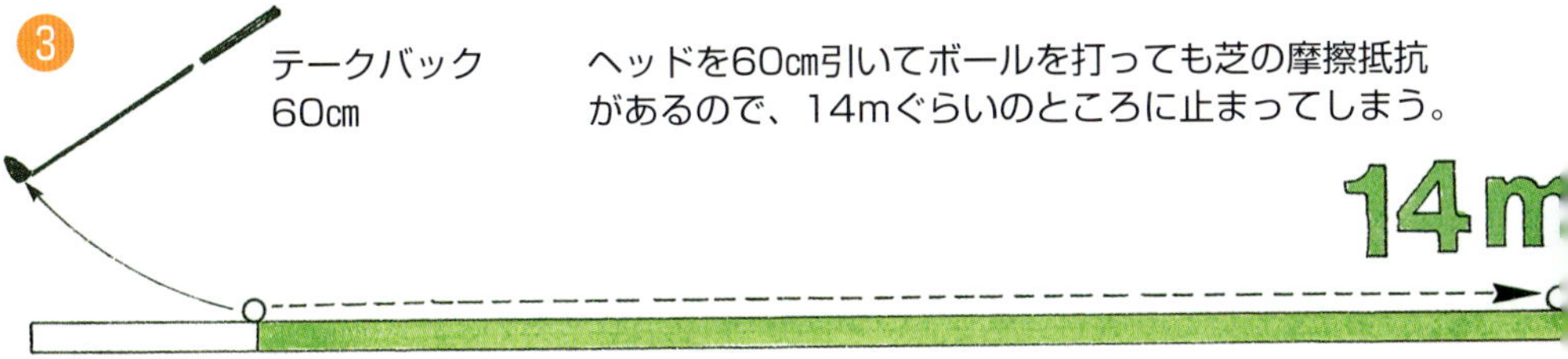

ヘッドを60cm引いてボールを打っても芝の摩擦抵抗があるので、14mぐらいのところに止まってしまう。

以上の距離感はあくまでも目安で、使用パターやプレーヤーによって実際の距離は変わってくるので、少しずつトップの位置を修正することによって自分なりの距離感をつかむようにする。

Sense of distance

8

転がりのいい球を打つには

スピードは一定のまま低く引いて低く打ち出す

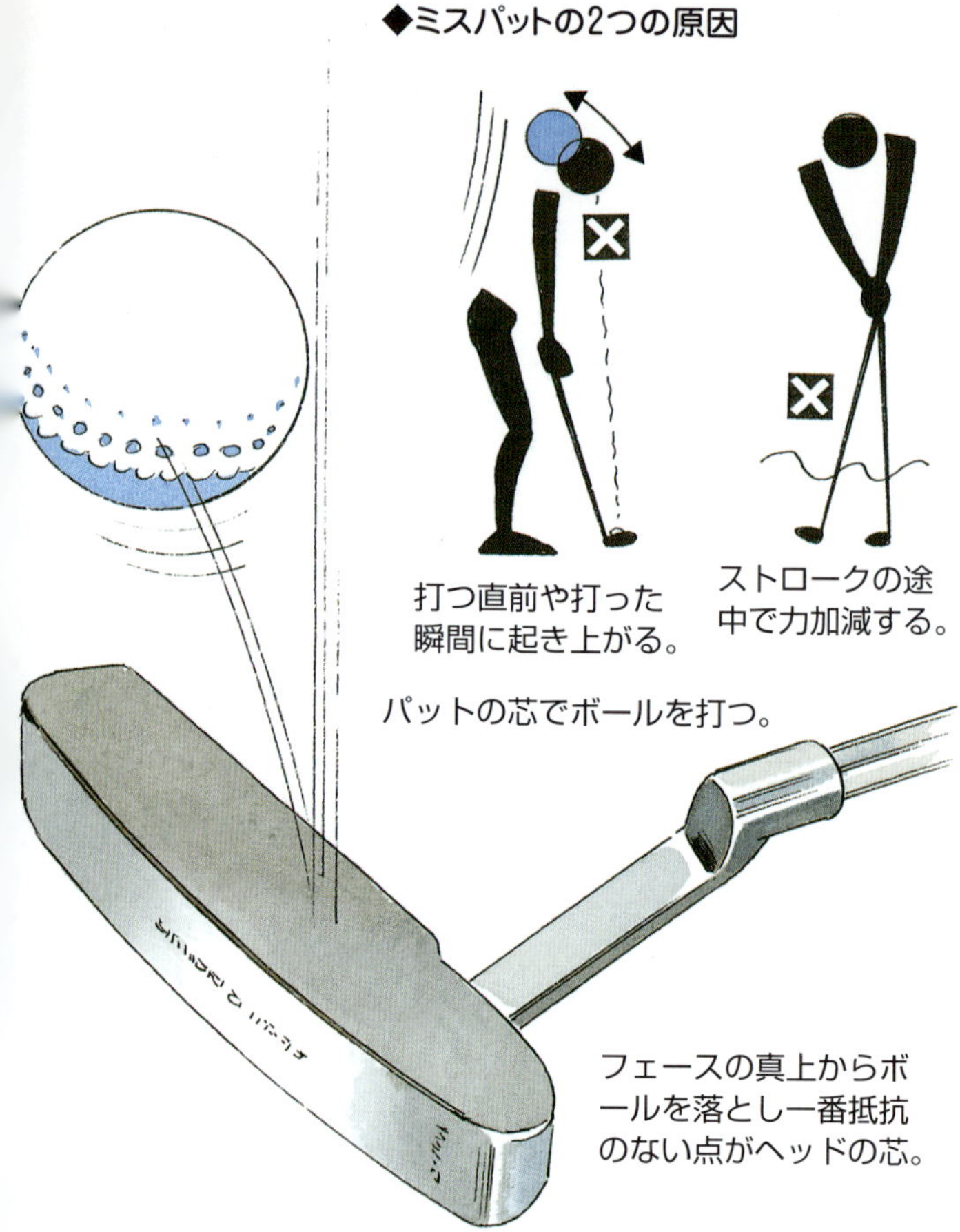
◆ミスパットの2つの原因
打つ直前や打った瞬間に起き上がる。
ストロークの途中で力加減する。
パットの芯でボールを打つ。
フェースの真上からボールを落とし一番抵抗のない点がヘッドの芯。

まっすぐ引いてまっすぐ打ち出す。ストロークが安定すればスピードの一定した転がりのよいボールが打てる。

パッティングで一番たいせつなことは、**同じスピードで目標線の上を、まっすぐ引いてまっすぐ打ち出し、ヘッドの芯でボールの芯を真横から打つことです。**はじめボールは10～20㎝ぐらい（打つ距離によって違う）回転しないで芝の上を滑っていき、それから前に転がっていきます。これがもっともスピードの一定した転がりのよいボールです。

テークバックとフォロースルーを低くとるためのストロークのコツは、手先ではなく**肩の回転で振り子式に打っていく**ことです。地

カーリング

凍ったリンクの上で、人間が運んできたスピードをそのままストーンに伝えるように、振り下ろしてきたヘッドのスピードをそのままボールに乗り移らせる。

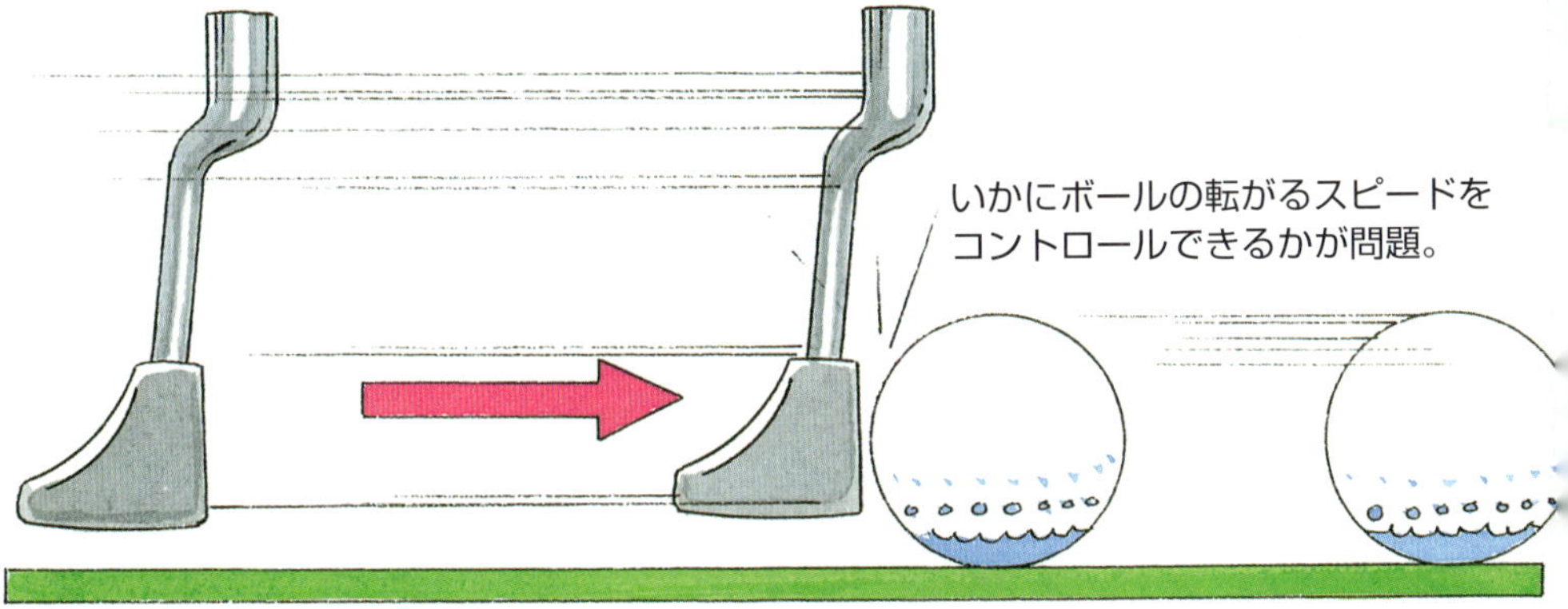
いかにボールの転がるスピードを
コントロールできるかが問題。

面に沿って引いていこうとすると、手先だけで引っ張りがちですが、安定性と再現性を追求するなら、肩の回転で打っていくのがベストです。

先にも説明しましたが、パッティングのストロークで、肩はタテ**回転をします。テークバックのときは左肩を飛球線後方へ押し込んでいかなければ、地面スレスレに引くことはできません。逆に、フォロースルーのときは、右肩を前方へと押し込んでいかなければ、低いフォローを出すことはできません。**

また、上のイラストのように、**振り下ろしてきたパターヘッドのスピードをそのままボールに乗り移らせることもたいせつです。両者のスピードを一定にできれば、滑らかな転がりの球が打てます。**

Curved line 9

曲がるラインの目標のとり方は

カーブの頂点に直線で狙いを定める

プロサイドとか、アマサイドに外すという言葉があります。

たとえば、スライスラインをカップの右に外すのはアマサイドで、左へ外すのがプロサイドです。どうしてこういう表現を使うかといえば、スライスをプロサイドから外すのはカップの左、つまり高いほうからカップに向かって転がっているので、入る可能性が高いのです。

ところがアマサイドでは力加減が弱く、初めからカップの右、つまりカップから遠ざかるように低いほうに転がっていくので、カップインの確率はゼロになります。安定したパッティングを目指すなら、つねにプロサイドから転がっていく球を打ちたいものです。

さて、左右に曲がるラインの対処法ですが、まず曲がりの幅をどう読むかがポイントになります。

傾斜、芝目、それに先に打ったプレーヤーのラインを参考にしながら、ラインを想定するわけですが、スライス、フックともに**曲がりの頂点を決めます。その頂点が、仮の目標です。仮の目標とボールを結んだ直線が、目標線になります。この頂点に対して構えをつくり、目標線に沿ってストロークします。あとはボールの転がりに任せればいいのです。**

ここでの注意点は、スライスラインのとき、ボールを外（左）に置きやすいことです。そうするとボールが遠いためフェースが開いて当たるので、目標の右に押し出してしまい、アマサイドに外してしまいます。

逆にフックラインの場合には、ボールを中（右）に置きやすくなり、引っかけることが多く、初めから目標の左に転がっていくパットになります。

曲がりの頂点を見つけ、その頂点とボールを結んだ線にスクェアに立ち、仮想目標に向かってストロークする。

曲がりの頂点を仮の目標として、そこにフェースを直角に合わせる。ここでボールの位置を間違えないようにする。

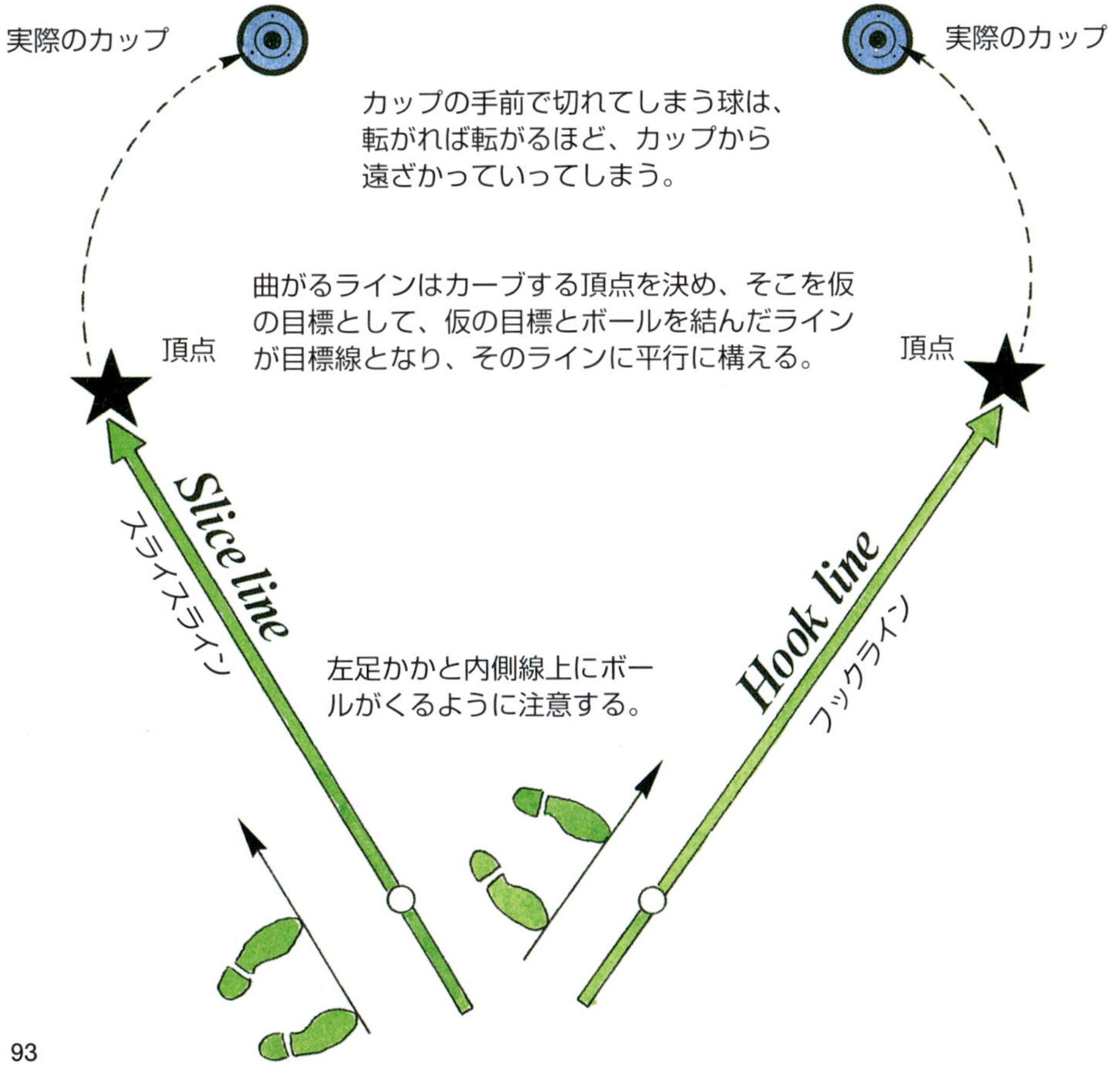

実際のカップ
実際のカップ
頂点
頂点
Slice line
スライスライン
Hook line
フックライン

カップの手前で切れてしまう球は、転がれば転がるほど、カップから遠ざかっていってしまう。

曲がるラインはカーブする頂点を決め、そこを仮の目標として、仮の目標とボールを結んだラインが目標線となり、そのラインに平行に構える。

左足かかと内側線上にボールがくるように注意する。

Up-down slope 10

傾斜のラインで距離感を合わせるには

上り下りに合わせて仮想カップを設定する

上り傾斜のラインで、カップを見て素振りをし、実際に打つと思った以上にショートしてしまうことがあります。

逆に、下りのパットでは、「速い」とわかっていて強く打ってしまうものです。こういう距離感のズレは、なぜ起きるのでしょうか。

パッティングではインスピレーションを活かすと解説してきましたが、この感覚がこのようなミスを引き起こしていたのです。

たとえば、上りのパットで、頭の中では「強く打たないと届かない」と思っていても、カップまでの目測の情報を得た本能が、利き手に対して、「これくらいの振り幅で打ちなさい」と指令を出します。目測は、単純にカップまでの距離を計算しますので、上り傾斜分は計算に入っていません。こうして、感覚のままに打てばショートすることになってしまうのです。

さらに、機転を効かせてインパクトでパンチを入れると、引っかけのミスにもつながります。

このような失敗をせず、傾斜や芝目を計算に入れた正しい距離感を出すには、「仮想カップ」を設定するのです。**素振りの段階で、実際のカップよりも先に、上り分を加味した仮のカップをイメージし、それに届くように素振りをします。こうすることで、ストロークの最中に手加減するようなこともなくなるのです。**

一部のレッスン書には、「下りのパットは芯を外して打つ」と説いているものもありますが、私は反対です。**パッティングは、上りでも下りでも、常に芯でヒットし転がりのいい球を打つことが基本です。**考える要素が多いパッティングだからこそ、よりシンプルに臨む必要があるのです。

上り下りでショートしたりオーバーしたりしないために仮想カップをつくり、そこを目がけてストロークする。

上り傾斜で実際のカップを見て素振りをすると、頭では「上り傾斜の分だけ強く打たないと」と分かっていても本能が実際のカップまでの平地での距離分しか振らせないことがある。こんなミスを防ぐには実際のカップの先に仮のカップをイメージすることだ。仮のカップに焦点を合わせて素振りすることが大切。

上りのラインは強く打ちすぎての引っかけに注意。

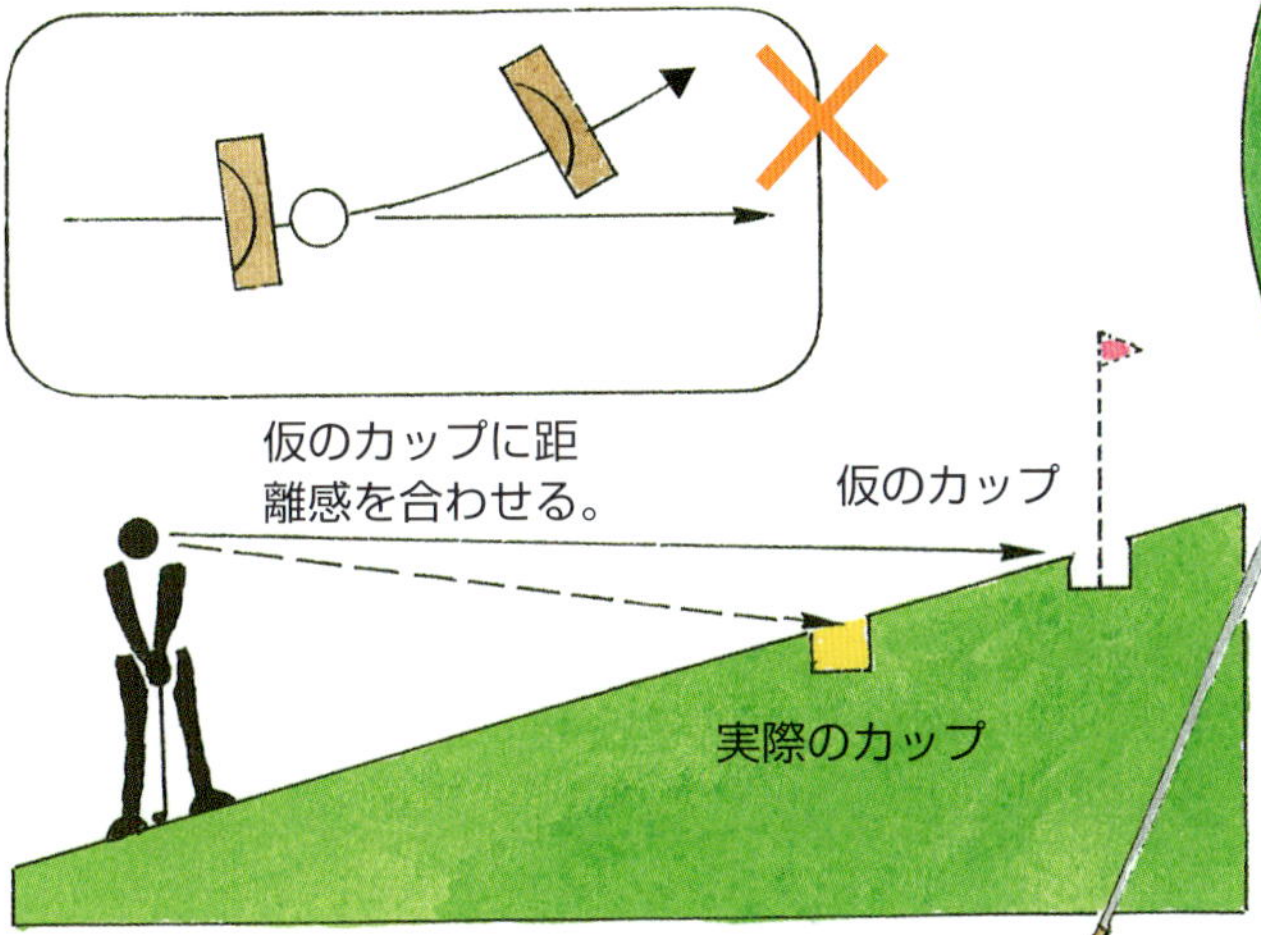

下りのラインは力を抜きすぎての押し出しに注意。

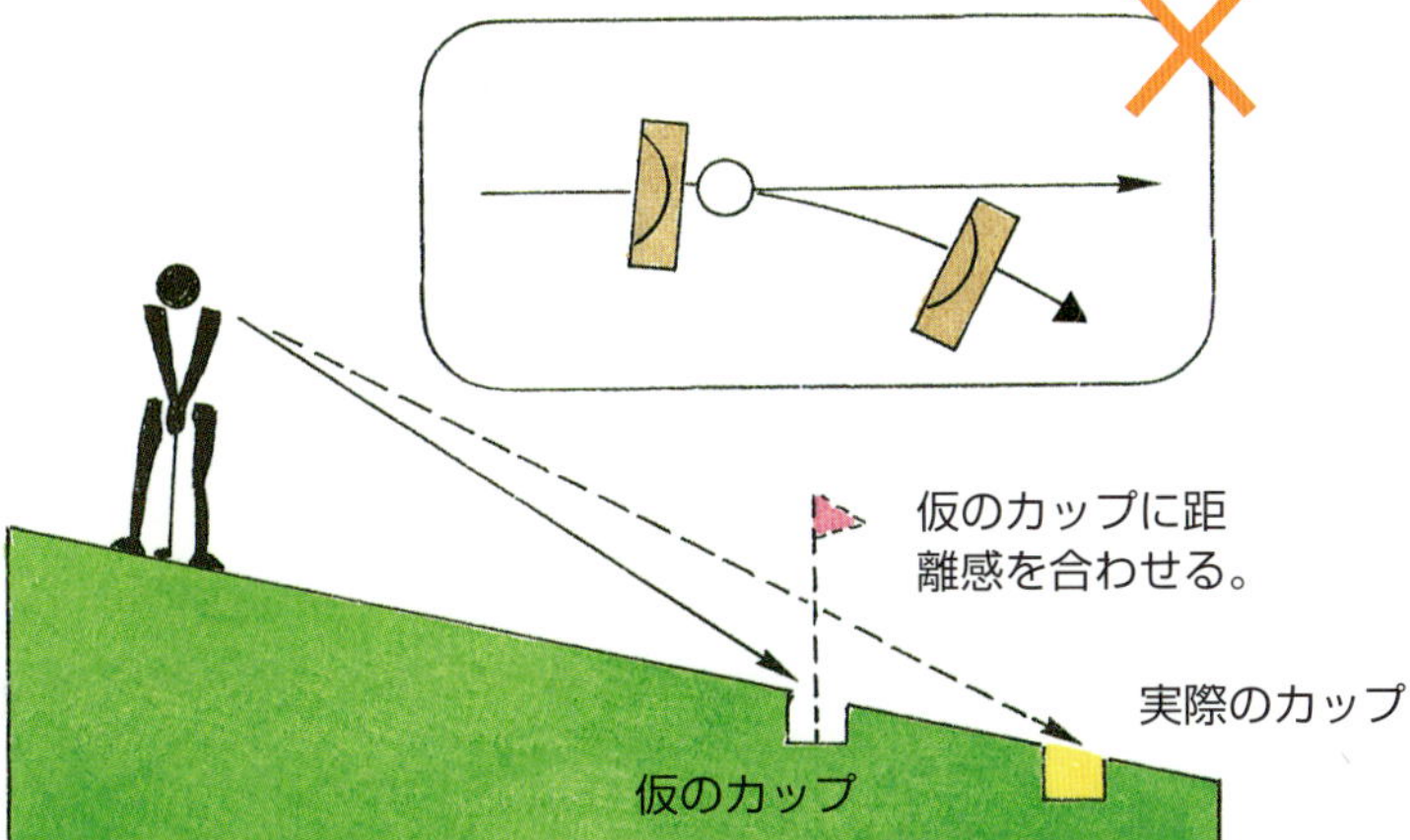

●著者紹介●

金井清一

Seiichi Kanai

1940年生まれ。170cm、63kg。
新潟県出身。65年プロ入り。
72年の日本プロで初優勝以来、
公式戦に強く“公式戦男”の異名をとる。
シニア入りしても、意欲は衰えず
連続賞金王にも輝いた。
現在はシニアツアー、TV解説、レッスン番組、
講演会など多忙をきわめている。

金井清一　ゴルフ基礎全書〈3〉

狙う! アプローチ／パター

著　者●金井清一

発行者●永岡修一

発行所●株式会社永岡書店

〒176-8518 東京都練馬区豊玉上1-7-14
電話 03(3992)5155(代表)
03(3992)7191(編集)

印　刷●横山印刷

製　本●ヤマナカ製本

ISBN978-4-522-42018-8

落丁本、乱丁本はお取り替えいたします。⑱